U0929502

省直管县改革对县域经济绩效和民生改善的影响
——以四川省为例

刘晓茜 著

西南财经大学出版社
Southwestern University of Finance & Economics Press

图书在版编目(CIP)数据

省直管县改革对县域经济绩效和民生改善的影响:以四川省为例/ 刘晓茜著.—成都: 西南财经大学出版社,2020.1
ISBN 978-7-5504-4228-3

Ⅰ.①省… Ⅱ.①刘… Ⅲ.①县—体制改革—影响—区域经济—经济绩效—研究—四川②县—体制改革—影响—人民生活—研究—四川
Ⅳ.①D625.71②F127.71③D669.3

中国版本图书馆 CIP 数据核字(2019)第 250061 号

省直管县改革对县域经济绩效和民生改善的影响——以四川省为例

SHENGZHIGUANXIAN GAIGE DUI XIANYU JINGJI JIXIAO HE MINSHENG GAISHAN DE YINGXIANG——YI SICHUAN SHENG WEILI

刘晓茜 著

责任编辑:汪涌波
装帧设计:傅瑜
责任印制:朱曼丽

出版发行	西南财经大学出版社(四川省成都市光华村街 55 号)
网　　址	http://www.bookcj.com
电子邮件	bookcj@foxmail.com
邮政编码	610074
电　　话	028-87353785
照　　排	四川胜翔数码印务设计有限公司
印　　刷	成都金龙印务有限责任公司
成品尺寸	170mm×240mm
印　　张	10.25
字　　数	174 千字
版　　次	2020 年 1 月第 1 版
印　　次	2020 年 1 月第 1 次印刷
书　　号	ISBN 978-7-5504-4228-3
定　　价	80.00 元

摘　要

国家财政体制的安排蕴含着中央与地方、政府与市场、政府与社会等各方面关系的重要内容，在国家治理体系中具有制度性、基础性和保障性作用。基于此，本书以近年各省相继推行的省以下财政体制改革——省直管县改革为主要研究内容，以省直管县改革对县域经济和民生带来的影响为研究核心，在模拟自然实验环境下识别改革对县域经济绩效和民生改善的影响。近年已有的研究较为关注改革的推行效果，而鲜有通过梳理改革推行方式来判断其中分权作用机制的实证分析，并且也缺乏基于地区适应性的分类研究。鉴于此，研究从省内分权视角探讨省直管县体制改革的具体作用机制，同时提出并验证了省直管县改革在省域内会因试点县地理条件特征、财政能力特征、经济发展水平的不同而出现影响改革效果和改革具体作用机制差异的判断，得出以下基本结论：

（1）基于对改革背景、实践、目标的解读，研究建立了县级财政压力形成的理论分析框架。依据省直管县财政体制改革的具体措施，界定了此次改革中财政收入与支出分权的具体内涵。结合县级财政压力的具体表现，解析了财政收入分权和财政支出分权对县级财政的重要影响，即向县一级的扩权势必带来县级财政支出结构和县域经济增长的显著变化。根据对县级财政压力的解析，提出要发挥省管县改革的制度绩效，还需要通过对原有体制的突破来提升县级财政地位，并在省以下政府间建立真正的分税制。

（2）揭示了省直管县改革对县域经济绩效和民生改善的影响，以及其中省内财政分权的调节作用。首先，在文献梳理和理论分析基础上，以向县一级分权为视角，构建了省直管县对县域发展及其分权措施在改革中发挥调节作用的模型。然后，基于四川省县域经济社会数据，实证检验了省直管县改革的县域经济绩效和民生改善影响。固定效应模型和倍差分模型的检验结果均显示：四川省省直管县改革总体上起到了提振试点县经济绩效、改善试点县民生性财政支出的作用；改革中财政收入分权程度通过省内分税制的贯彻得到深化，有益于县级民生性财政支出占比提升，而改革中财政支出分权程度通过对“市管县”体制的突破得到深化，有益于县域经济绩效提升。

（3）发现省直管县改革的作用对于不同类别县域是具有极强分异性的。首先，通过文献梳理和理论分析，建立了差异化的分析框架和地区适应性的分类研究框架。然后，基于四川省县域经济社会数据和改革制约因素，更进一步对改革展开跨县域类别的研究。在基于县域特征对样本进行分类检验后，固定效应模型和倍差分模型的检验结果均显示：省直管县改革的影响对于按地理地貌特征、经济水平、财政能力划分的不同类型县域是具有极强分异性的。

综上所述，本书通过对省直管县体制改革的系统和深入研究，以四川省为例，揭示了省直管县财政体制改革的县域经济、民生影响及省内财政分权在改革中的具体作用，探讨了改革制约因素，丰富了省直管县相关理论研究。并为进一步深化省直管县改革实践提出了有价值的建议，即建立中央为设计者、省级政府为指导者、市级政府为利益平衡者、县级为执行受益者的“哑铃状”纵向治理结构。

关键词：省直管县；县域经济绩效；县级民生财政；调节作用；分类研究

目　录

1 绪论

1.1 研究的背景与意义

1.1.1 研究的背景与动机

县制，作为中国行政的基础，其行政建制在历史上鲜有重大变迁，这个特征一方面显示了县制运行的稳定性和保守性，另一方面也揭示了对县政改革的难度不容小觑。

改革开放40年，随着社会主义市场经济体系的建立和完善，我国县域社会经济经历了曲折的发展过程并取得了一定的成绩。但是，在我国财政体制变迁中分税制未能得到及时完善而导致的分权体制欠规范，以及省以下财权收入和支出责任上合理分配制度缺失，在很大程度上映射在了县域经济发展过程中，“纵向的五级政府框架下，没有形成‘一级政权、一级事权、一级财权、一级税基、一级预算’的科学体系；不同层级政府之间形成了明显的分成制和包干制，并且转移支付制度较为随意”（贾康，2002，2007）。分权框架不完整和转移支付制度的“二元结构”迟迟没有完成“一元”进化①，致使县级财政陷入收支不均的艰难局面，县域经济发展和民生保障体系建设的滞后，逐步成为国家经济社会发展的掣肘。

另外，20世纪80年代中期，我国大规模推行市管县体制，省及以下政府层级由“省—县—乡（镇）”变为“省—市—县—乡（镇）”，该制度虽然发挥了其在特定时期的积极作用，但是行政层级的增加直接导致了行政效率的弱化，同时也带来了“市压县”和城乡资源配置失衡等问题，其

① 转移支付的“二元结构”主要指代以“基数法”确定的传统“两税返回”转移支付制度与发展中的“因素法”新型转移支付制度并行的现实情况。

阻碍县域经济发展的弊端日益凸显。再者，由于国家经济发展过程中产生的新、旧“城乡二元结构”都引致了资源配置的城市化倾向，既阻碍县域经济社会发展进程，也有碍于城乡统筹发展战略。

由制度瓶颈引发的财政压力和发展困局再次引发制度变迁。在我国经济社会发展空间向县域进一步转移的过程中，如何通过财政体制调整来解决县级财政困境、激发县域发展活力、改善县域民生保障体系成了省以下财政体制改革的核心内容。财政，是以国家政权体系为主体的一种“以政控财，以财行政”的分配体系，对于政府履行和转变职能意义重大，财政改革也必然成为整体改革的一个重要组成部分（贾康，2008）。由于权力部门“条条”特征明显，中国的财政改革向来伴随着对纵向府际关系的调整。而在省内纵向府际关系的改革中，存在向县分权的两种主要形式：一种是向县级赋予部分与市级同等的管理权限，其中以经济管理权限下放为主，即“扩权强县”；另一种是财政体制上的财政分权，以扩大县域财政的自主权为主（刘冲等，2014）。自 2002 年逐步推行的以“扩权强县”改革为先行试点的省直管县改革，从“财政收支管理”和“经济事务管理”两个方面都极大地增强了县级决策单位的自主权限，并相对削弱了县市一级经济、财政管理权限，是刻画县级严格外生的“强化分权”的有效指标，这一政策变化构成了一个典型的自然实验。而这样的自然实验对研究分权如何影响经济增长和政府公共支出来说，是非常理想的情形（郑新业，2011）。可以说，省直管县财政体制改革主要模式是深层次涉及向县一级分权的府际关系调整。因此，从分权视角对省以下财政体制改革成效进行考察，是检验改革如何发挥其作用的重要切入点。

在对改革方式探寻的同时，本研究也在充分尊重改革既有实践和已有问题的基础上，进行客观考察。在这次省内分权改革的实践探索中，浙江省作为改革先驱，秉承“能放则放”的扩权原则，1992—2008 年进行了先后五轮“扩权强县”改革，其范围覆盖全省县域。随着改革的深化，扩权内容也将“部分经济管理权限下放”过渡到了人事权上也由省级直接管理调配；其改革目标也由最初的县级财政解困发展到活跃县域经济，再到“加强县级政府的经济调节、市场监管、社会管理和公共服务职能”等多维目标。当然，浙江省的改革成功根源于它得天独厚的优势条件，其模式虽然值得研究借鉴，但是却无法一一复制到其他改革条件更为复杂的地区。

截至 2015 年，全国各省都在不同程度上开展了模式不同的省直管县体制改革，但是近两年的改革进度明显放缓，中央也并未明确关于从财政直管过渡到行政直管的顶层设计方案，这无疑使改革的进程遭遇了制度阻碍。不少学者也指出实施省直管县财政体制需考虑改革风险，在考察省级政府的管理水平、管理幅度、市县经济关联程度、县域经济发展状况、地区文化特征等因素的基础上，进行“分类指导”“分类改革”（潘小娟等，2013）。这意味着对省直管县改革的进一步研究需从改革风险出发，通过考察不同类型地区的改革成效和改革方案来为下一步改革提出有针对性的、因地制宜的改革建议。

1.1.2 研究的意义

对于丰富省以下财政体制改革的研究，省直管县改革理论意义重大。我国省直管县改革尚处于推进过程中，怎样通过县政地位的提升来激发县域发展活力，怎样通过实现省与县之间的财政，乃至行政上的对接来释放县级政府活力，提升县级政府财政自给能力，建立“指标一致、权重不同”的县域发展考核机制，以达到县级财政解困、县域经济发展、县域民生改善等多重目标都有待进一步探讨。特别是在省、市、县三级政府权力重构与关系再建的过程中，如何通过理顺政府间收入和支出责任的划分，缓解在发展过程中形成的我国县域之间社会经济发展不平衡等重要问题，尚需认真对待。基于此，本书运用现代理论和分析方法对上述问题进行创新性研究，从理论视角研究如何有差异化地推进改革，并进一步丰富府际关系理论、财政分权理论和政府层级理论等。

省直管县改革涉及省、市、县三级政府之间的财政、行政体制调整，对于县域经济社会产生的变革，其实践意义重大。此次改革纵向调整省以下政府间责任与权力的配置，通过省内分权，特别是省—市—县三级政府之间分权机制的强化，提高县级财政地位，促进县域经济发展和民生改善。尤其是在我国横向之间县域公共物品供给失衡、纵向之间府际财力不均的背景下，考察如何进一步通过精准的改革推行模式来因地制宜地深化省以下财政体制改革，推行“分类推行，突出重点，差异考核”的全面省直管县改革试点，以及如何规避现有的改革风险，其实践意义不容小觑。改革的制度安排、政策制定与运用是否科学，需要本研究根据改革实践及其相关数据分析考察其经济影响以及民生效应，为进一步完善省直管县改革实践提供具有指导价值的政策建议。

1.2 研究的内容、目标与方法

1.2.1 研究的内容

1.2.1.1 省直管县改革的背景、目标与实践

①通过梳理县域发展困境的主要制度根源，解析省直管县改革背景。②基于改革背景，进一步分析改革旨在促进县域经济发展与民生改善的重要目标和具体实践。

1.2.1.2 省直管县改革的动因

①通过分析省直管县体制改革的动因，进一步解析县级财政支出缺口与支出结构不对等的深层次原因。②基于对县级财政压力的具体表现，分析县级财政自给能力、县级转移支付水平、财政支出的地区性差异等影响省直管县改革作用发挥的财政分权机制。

1.2.1.3 我国省直管县改革对县域发展的影响及分权的调节作用

基于对我国省管县财政体制改革实施背景的系统分析，以四川省县级面板数据为基础，通过建立固定效应模型、倍差分模型研究省内分权模式，分析省直管县改革在县域发展中的经济效应和民生效应，具体如下：

①在研究改革对经济绩效的影响中，同时引入财政支出分权、财政收入分权以考察省直管县改革对县域经济增长、产业结构调整的影响及分权机制在其中的调节作用。②从解释县域民生改善的角度，本研究利用省直管县体制改革以及转移支付政策为主的收入分权和支出分权对于民生性财政支出的影响来揭示这一政策对于民生财政改善的效应及分权视角下改革的作用机制。

1.2.1.4 我国省直管县改革对不同类型县域发展的影响

基于按地理特征、经济发展水平等划分的子样本回归模型，分类研究探索改革是否受县域地理特征、县级财政能力、地区经济发展条件等制约。在明确区分四川省各县县级财政能力、地理区位特征以及经济特征的条件下，分类评估省直管县在“稳增长、调结构、惠民生”这三个政策目标上呈现的异质性效果。

1.2.2 研究的目标

本书立足于我国省直管县改革实践，以省、市、县之间财政分权的视角为制度导向，梳理省直管县这一治理模式如何调整省以下分权模式所带来的例如履行事权与可支配财力高度不对称等地方政府间权力配置问题，从而研究省直管县改革对县域经济绩效和民生改善带来的影响①。

在理论上揭示其改革的必要性和可操作路径，并依据“扩权强县”和“财政直管”两类改革模式分析财政分权视角下，此次省以下财政体制改革影响县域经济绩效和民生财政的作用机制，讨论省以下财政分权机制的深化，特别是向县级政府的分权是否可以在改革中促进县域的经济发展和民生改善。

进一步，本研究拟在明确区分县级财政能力、经济条件、地理区位等特征条件下，分类评估省直管县试点政策的异质性效果，并展现财政分权机制在不同类别县域存在分异化的调节作用，探讨改革在推进过程中所受制约因素以及如何有条件地进行分类改革，深入分析改革如何在当前“逐底竞争”制度下形成重塑地方政府行为的制度动力。

1.2.3 研究的方法

1.2.3.1 文献研究法

研究首先需要在大量查阅相关文献的基础上，以中国式财政分权背景下的县政地位为切入点，把握省以下财政关系的调整，以及影响财政支出结构和经济增长的“官员晋升锦标赛”。通过对改革背景、实践的分析，研究省直管县改革对县域经济社会的重要性；通过对省直管县改革的基础与动因分析，明确县级财政分权的作用如何发挥。

1.2.3.2 统计学和计量经济学研究方法

（1）为对研究所选取样本有更加全面翔实的了解，研究在对可获取数据进行筛选、整理和归类后，对全样本和子样本数据都进行了详细的描述性统计分析。作为进一步实证分析的前提，描述性统计呈现了相关数据的分布趋势，并有利于观测相关研究对象的基本特征。特别是本研究中对于

---

① 值得说明的是，本书中提到的省、市、县之间的进一步分权，主要指省以下财政体制改革中向县一级的扩权，但是也包括省、市、县三级之间权力的重新划分。

改革前后子样本的划分，对这部分子样本进行相应的描述性统计分析首先有利于初步观测实验组与对照组在变量水平上是否存在显著性差异，以及改革前后相关变量的变化趋势，为如何进行下一步的实证分析打下基础。

（2）在实证研究中采用横截面数据和时间序列数据混合研究的方法，是目前计量经济学研究的常用模式。但是考虑到适用于政策效应评估的模型，在进行面板回归模型的构建后，本书进一步构建了相应的倍差分模型（DID）以保证对于改革政策效应评估的准确可靠性。进一步地，为了保证计量模型的稳健性，研究运用基于倾向性得分匹配的倍差分模型（PSM-DID）进行稳健性测试也是本研究重点关注的方面。同时，为了减轻可能存在的内生性问题，研究在全样本的检验中，都寻找了必要的工具变量，为模型的解释提供客观性结论。

1.2.3.3 **经验研究方法**

检验理论模型的适用性和解释其能力的最好办法，就是进行多角度、不同样本的经验研究。除了模型本身的精巧和计量工具的不断创新之外，各级地方政府需要获得财政政策的建议和评估财政绩效的好坏，才是真正的动力所在。本研究除了延续以往经验研究的必备程序之外，对理论模型与计量模型之间的进一步精细化处理，以及对数据和样本的分析，都将是本研究的主要工作。

1.3 研究的技术路线与主要创新

1.3.1 技术路线

（1）基于已有文献，研究首先对省直管县改革进行了理论层面的梳理。其一，在对省直管县进行改革背景和实践进程梳理的基础上，解析了改革对于县域经济发展和县域民生改善的重要意义；其二，基于压力式分权视角，并借助对县级财政压力的分析阐释了省以下财政体系中财政收入分权和支出分权发挥作用的机制。

（2）基于理论层面的研究，借助计量工具进一步论证了省直管县改革是否有助于经济绩效提升和民生性支出改善，以及财政分权如何发挥调节其制度绩效的作用。特别地，在实证中的研究进一步检验了省直管县在民生性支出改善中是否对转移支付失灵存在“纠偏”的效果。

（3）在实证基础上，本研究更进一步检验了省直管县改革在不同类别县域中的适用性，为如何实施“分类指导、分类改革”，为有层次地推进改革提出有价值的政策建议（见图1.1）。

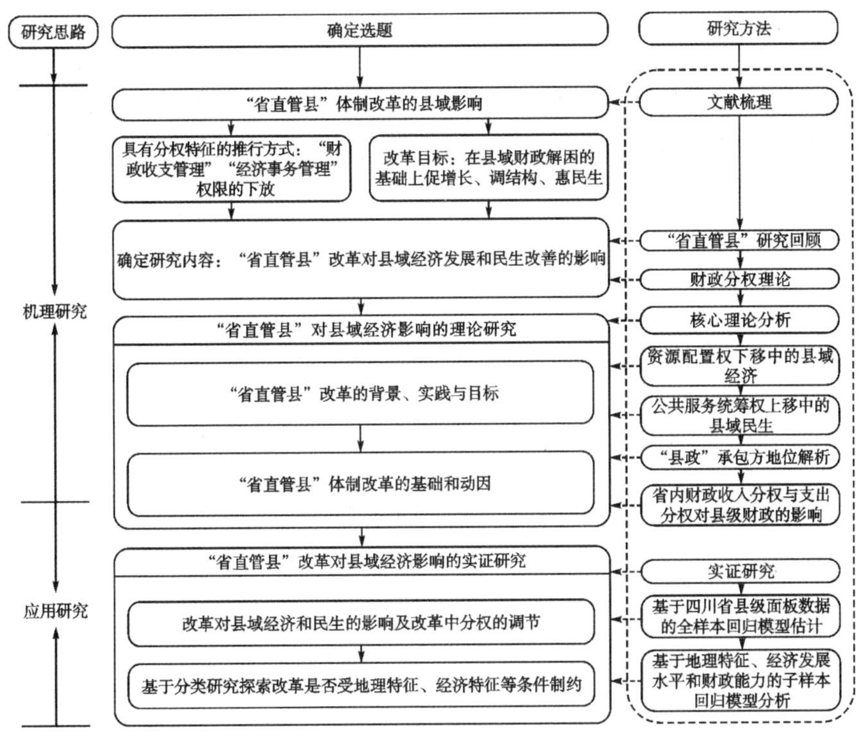

图1.1　技术路线图

1.3.2　研究的创新性

（1）以深入挖掘省以下具有分权特征的改革推行方式为切入点，基于对县级财政压力的分析构建了改革作用机制的理论框架。实证研究了向县一级的分权如何在省直管县改革中发挥影响县域发展的调节性作用：改革中以省内分税制贯彻为代表的财政收入分权的深化，有益于县级民生性财政支出占比提升，而改革中以对“市管县”体制的突破为代表的财政支出分权的深化，有益于县域经济绩效提升。弥补了已有研究较为重视研究改革成效而忽略改革推行方式及其传导作用机制的不足。

（2）通过建立差异化的分析框架和地区适应性的分类研究，验证了省直管县改革在省域内会因试点县具体条件的不同而出现对改革效应差异的判断，并按试点县条件分类后进行了模型构建。弥补了已有研究多在理论层面进行改革制约因素探讨的不足，在实证层面为“分类指导、分类改革、分类推进”省直管县提供了有效依据。

（3）基于对县级财政压力的剖析阐释了省以下政府间关系，据此在研究建议中提出省直管县改革促进县域发展的本质在于建立中央为设计者、省级政府为指导者、市级政府为利益平衡者、县级为执行受益者的“哑铃状”纵向治理结构，为进一步深化改革提出了具体可行的政策建议。

2 文献综述

2.1 省直管县改革的主要研究内容

中国的财政变迁向来伴随着对纵向府际关系的调整。在县级财政陷入困境的情况下，一些发达地区的省份率先开始寻求制度变革以解决县域经济发展的难题，而变革的焦点则集中于省直管县这一扁平化政府层级的治理模式上。之所以选择省直管县作为解决县乡发展困境的突破口，一个原因在于相对于改革行政体制，改变纵向财政治理结构要更易实施；另一个原因则在于浙江省为省直管县体制的实施起到了良好示范作用（贾俊雪等，2013）。与过去带有计划经济色彩的市管县体制相比，省直管县的兴起主要有以下几点原因：①省直管县作为省以下纵向政府间财权与事权的重新分配，可以作为一种有效的利益分配机制平衡省以下各级政府收益，以有效防止在市县利益博弈中不断落空的"市管县"体制预期（马斌，2008）。②因分税制未能确立省以下财政关系的划分，纵向的"事权下移"使得县级财力困境不断恶化（Liu，2012）。③在我国，宪法确认的行政层级由中央、省、县（市）、乡（镇）四级组成，市管县体制无疑增加了行政层级，在提高行政成本的同时降低了行政效率。政府管理领域的扁平化实质上是企业治理中的扁平化理论在公共组织领域的运用，目前省直管县体制改革受到学术界和政界支持的主要原因就在于，其一方面能提高行政效率，另一方面也可缓解市级财政对县级的截留、挪用等问题（贾俊雪和宁静，2015）。

综观省直管县研究所涉及的内容与视角来看，已有研究主要可归纳为以下几个方面：

2.1.1 对“市管县”体制的批评

从新中国成立初期到改革开放，“市管县”体制尚处于萌芽状态。随着改革开放，加快“城市化”和“工业化”进程的期盼空前高涨，由此引发了20世纪80年代中期“市管县”体制改革的迅速推进和大规模发展。不可否认，市管县体制在计划经济向市场经济过渡的特定时期发挥了积极作用。但是，当其促进作用释放殆尽后，制度净收益便逐渐减弱，日益蜕变为对县域发展的掣肘（吴帅和陈国权，2008）。

对此，周一星和胡大鹏（1992）较早地对市带县体制下辖县经济作了问卷调查分析，在接受调查的59位县长或其委托人中，仅有11位（占19%）认为市带县体制对辖县经济“利大于弊”，有15位（占25%）认为“弊大于利”，其余则认为“利弊各半”。王庭槐和卞维庆（1995）基于对江苏省的研究，认为并非中心城市就能带动辖县经济的发展，其原因在于：中心城市处于不同的发展阶段，带动能力不确定；中心城市的经济基础与辖县面积不协调；市管县实施后政府资源和政策的城市化倾斜。这是对市管县体制合理性有所质疑的早期研究。

在近年对省管县体制进行探索的过程中，学术界关于市管县体制弊端的主流观点可以归纳为以下几方面：①大部分中心城市扩散能力极为有限，地级市难以辐射带动所辖县的经济发展，反而进一步扩大了“城乡差距”，形成“城乡悖论”；②由于我国“强中央、弱地方”的财政体制特征引发了政府间财力与事权难以匹配的现象，再加上转移支付制度的不规范等问题，导致县乡财政吃紧，形成“财政悖论”；③市管县体制的实行使“市”一级政权由虚变实，省内政府层级变为“省—市—县—乡（镇）”四级，组织成本和信息传递受干扰因素的增加将直接导致行政效率的降低，形成“效率悖论”；④中心城市行政管辖范围的扩大造成了中心城市之间的恶性竞争，为跨区域治理、协同发展等带来体制阻碍，形成“发展悖论”（庞明礼，2007；周波和寇铁军，2012；叶敏，2012）。

一国经济发展内在的要求持续地推动着管理体制变迁。进入新时期，我国经济增长空间开始向县域转化，弊端日益显著的“市管县”体制使我国县域经济发展面临极大挑战。垂直层面上的“中央—省—市—县—乡（镇）”五级行政体制在统筹城乡、府际权力与责任分配、组织规模和行政成本等方面所暴露出的弊端，已成为行政改革的严重障碍，通过突破“市管县”，通过省级直接管理市、县有助于搭建管理层次少、管理效率高的扁平化行政体制，是现阶段改革的战略选择（孙学玉和伍开昌，2004）。基于此，也有观点认为应当依据“省管县为主，市领县为辅”“宜带则带，不宜带则省管”的原则重构市领导县的战略机制（周仁标，2011）。

对“市管县”体制的合理性有所质疑的文献表明，“市管县”体制对于统筹城乡发展和财政体制运行效率等方面逐渐势弱，这既是省直管县改革的重要背景，也构成了改革的表层动因。

2.1.2 省直管县的改革模式

继中央提出可以在有条件的地方推行省直管县改革，至今已有 20 多个省陆续根据自身情况实践了不同程度的省管县改革，而各地在推行过程中的模式均有所差别，因此需归纳总结，才能找出改革规律与各地改革的差异性。

在归纳总结省直管县改革的实践模式之前，不得不提及“浙江模式”。浙江省，作为实行省管县改革的先行地区，1992—2008 年先后五次进行“扩权强县”改革。一般认为，扩权强县实质上是“省管县”改革全面开始的先行试点工作。浙江省一直坚持“县财省管”，在全国推“市管县”体制时，其省管县财政体制也并未受到触动，并在此基础上又进行了“扩权强县”的先行试点，逐步形成了省级政府地方治理结构的“浙江模式”。而之后在全国铺开的“扩权强县”和财政“省管县”，都或多或少借鉴了浙江省的经验。因此有学者以浙江省为例，探索了浙江省管县改革与县域经济发展的关系。袁渊和左翔（2011）通过分析浙江、福建规模以上工业企业数据，实证检验了“扩权强县”与经济增长的关系，认为省直管县和“扩权强县”有利于促进县域经济增长。樊勇和王蔚（2013）以浙江省为例，通过实证分析得出结论：“扩权强县”有利于县域经济，但其对强县的促进作用更为显著，提出了这轮改革应实现从“强县扩权”到“扩权强县”的跨越，并分别对强县和弱县发展提出了不同建议。

根据已有文献，省直管县改革的模式主要可分为以下几种：张占斌（2009）认为省直管县改革类型基本可以概括为两级管理型、全面管理型、资金管理型以及省市共管型四类。韩春晖（2011）认为，省直管县财政体制改革的推行模式主要有五种：“省管县”+“扩权强县”财政体制来促进县域经济发展的浙江模式；由省级直接管理县、县级市和地级市的海南模式；“强县扩权” + “弱县倾斜” 的山东模式，即根据所辖县情况有区别地进行扩权；行政 “省管县” +财政 “省管县” 的湖北模式；依事权定财权的财政体制 “省管县” 的吉林模式。张占斌（2013）通过对 30 个试点县的研究，进一步指出省内经济社会发展单列是这些地区省直管县体制改革的主要模式，省内单列模式虽然赋予县政更加完整的行政权力，但是这一模式还面临平衡各级政府利益的挑战。宫汝凯和姚东旻（2015）分别对 “全面直管” 和 “省内单列” 两种扩权模式进行分析，结果表明在省直管县改革推行模式的选择上，应结合各省实际条件，综合考虑地区经济发展潜力、县级政府之间的异质性和其间的交互影响三个因素来确定改革模式。

上述文献表明：首先，省直管县改革在现阶段主要是以 “扩权强县” 和 “财政省直管县” 两方面展开的；其次，省直管县改革是一项系统性工程，从以上各省推行过程中所总结的模式来看，各省基于经济发展和改革环境的制约，基本是遵循因地制宜原则展开工作的。然而已有研究比较局限于对改革模式的归纳和总结，鲜有通过改革模式进一步实证研究改革作用机制的文献。因此，本书基于 “扩权强县” 和 “财政省直管县” 两种主要形式，在对改革实践的探讨中进一步分析这两种形式所涉及的关于财政收入和支出划分等方面具体的内容，为实证分析改革政策中财政分权的具体作用机制打下基础。

2.1.3 省直管县与政府层级扁平化

省直管县改革的主要推行目标就是实现省、县之间在财政管理体制上的对接，由省一级直接管理市、县，因此不少学者也将它作为行政层级和财政体制扁平化改革的切入点进行探讨。

多数学者对省以下政府层级扁平化改革持赞成态度。王庭槐等（1995）认为，只有全面建立起省直管县体制，才能从根本上消除我国机构臃肿、行政管理层次过多等问题。杨之刚和张斌（2006）认为省直管县改革在减少政府层级的同时也减少了收入分享的层次，可以增加县乡财政收入，有效缓解县乡财政困难。贾康（2007）指出，县乡财政困境的体制因素在于在五级政府框架下，分税制始终未贯彻于省以下各级地方政府，而财政层级的扁平化改革是解决这一问题的关键。他进一步提出要做到财政层级的扁平化改革，对策一是建立 “一级政权，一级事权，一级财权，一级税基，一级预算” 的制度安排；二是以省直管县作为一个重要的切入点，初步形成一个从中央到省、到市县的扁平化雏形。石亚军和施正文（2010）提出安徽省改革通过实现省级到市级、县级的直接财政管理，充分释放了县域发展活力。文炳勋（2011）认为省直管县改革的理论渊源来自政府层级与行政组织扁平化理论、财政分权与利益博弈理论等，而其主要目标则是通过建立扁平化的财政管理体制以促进扁平化的行政管理体制的建立。杨文斌（2015）从国际比较的视野出发，认为中国探索省直管县体制改革，在很大程度上也是探索实现中国行政体制的扁平化，并且认为政府职能定位和政府职能纵向划分等因素才是省直管县体制的重要障碍因素。

在进一步的研究中，不少学者提出了省以下政府层级扁平化改革在实践中表现出的制约因素，并给出了相应建议。张占斌（2005）提出省直管县行政区划改革应借鉴中国历史和国外区划的经验，可考虑以后增加省级政府的数量，以缩小省级政府的管理规模和幅度，减少和避免地方主义的出现。贾康（2008）指出分税制改革并未触及省以下财政体制，从而演变为弊端明显的分成制和包干制，建议推行以减少财政层级以乡财县管和省直管县为重点的扁平化改革。才国伟和黄亮雄（2010）通过实证研究政府层级改革的影响因素及其经济绩效，发现政府层级改革显著提高了地方财政支出和经济增长速度。李宜春（2011）认为减少政府层级，推动省直管县行政改革的进程中应理性考虑部分地级市辐射带动作用较强的现实优势，同时还应处理好省、市、县之间的权力配置问题。李猛（2012）则认为，保持宏观经济稳定是理顺政府间关系的前提，然而相对于多层级政府体制而言，扁平化体制并不必然有利于经济平稳运行。柯学民和刘小魏（2014）提出“市场经济发育程度”“压力型体制”和“行政区经济”三大因素在制约省直管县改革，因此改革更需要依靠理顺不同层级政府间的职责权限以及推动区域合作来实现。胡亚兰（2015）指出虽然省直管县改革有益于县域经济增长，但是在缩小行政管理幅度、合理划分各级政府权责等方面仍有所不足。李金龙和武俊伟（2016）认为在基于行政区划改革的省直管县改革中，“传统官僚制”是改革面临的重要制约。

已有研究多数将省直管县改革等同于财政层级的扁平化，没有分离财政层级扁平化的几个方面来分别解析其具体效应。因此，本研究基于省直管县改革模式，将所谓的财政层级扁平化具体细化为经济管理权限的扁平化、财政收入体制和支出体制上的扁平化，甚至于是转移支付体系上的层级扁平化，以进一步解析其改革绩效。

2.1.4 省直管县改革的风险与挑战

任何一项新体制改革的推行，都是在原有体制改革不尽完善的基础上提出来的。对此，本研究认为与“市管县”体制对比，省直管县改革使市对县的抑制作用极大弱化，各项管理权限下放能有效激发县域经济活力，为县域发展松绑。同时，财政层级扁平化后“省—县”财政对接将为财政支持县域发展提供充足的财力保障。

当然，任何改革都有随改革红利而产生的障碍和风险。总体看来，在省直管县改革推行中可能遇到的风险上，本研究认为主要集中于两个方面：第一，省直管县改革不宜采取“一刀切”的方式，应考虑各省份具体情况，进行分类指导、分类改革（潘小娟等，2013）。第二，不少研究认为省直管县改革损害了地级市利益，应积极反思如何协调省、市、县政府间利益的协调和权责的分配，不应将改革看作是纯粹的层级压缩，才能保障改革的顺利推行。这两方面的具体风险和问题如下：

2.1.4.1 推行省以下财政体制改革的条件

由于我国县域覆盖面积较广，东、中、西部地区县域经济社会发展差异大，多数研究认为不能以“一刀切”的方式在全国范围铺开推行省直管县，应具体情况具体分析，有层次地进行省以下财政体制改革，需考虑区域协作、强市的带动能力以及省级政府实际管理能力等多方面的因素（王仕军和冯春，2008；房亚明，2010）。陈翻（2009）认为虽然浙江模式取得了很大成功，但是我国中、西部地区缺乏东部地区所具有的得天独厚的优势条件，各地区应基于自身实际条件来安排改革进程。庞明礼（2009）提出省直管县改革是否推行需要考虑几个约束条件：地理因素，考虑省级的管理幅度和管理能力；经济条件，考虑县的经济条件和与市级的互补性等因素；文化因素，如民族地区则不宜推行改革；政治因素，主要指改革推行应以社会稳定为前提。刘尚希（2010）通过对改革可能产生的公共风险进行分析，建议各省份应根据地区实际发展情况出发，达到条件地区才进行省直管县的改革。韩春晖（2011）认为省直管县改革需考虑省级管理半径、重新划分省份、改革措施配套等因素，积极探索我国省直管县改革模式的“多元化”可能性。张永理（2012）通过对行政区划历史变迁的梳理，总结出省直管县层级改革需要通盘考虑经济状况、历史传统、自然地理条件、政治结构、区域发展、国防安全等多方面的因素。

总体来看，建议不能以“一盘棋”模式推行改革的原因主要在于：第一，考虑到我国县域发展水平的地区性差异，各地应量体裁衣，找准适合自己的模式，而对于不宜推行改革的地区就应当暂缓推行；第二，要实现省直接管理县、市，还应当充分基于各省实际情况，考虑省一级是否具备完全直管的能力；第三，省直管县改革的推行仍需以区域协作为前提，不可完全忽略中心城市的辐射带动能力。

2.1.4.2 省直管县改革中省、市、县利益的协调

省直管县体制改革作为一项“由上至下”的探索性改革，涉及省以下各级政府间权力配置体系的重构，因此如何在不妨碍行政效率的前提下，进行各级政府间权力与责任的进一步划分，是改革面临的重要挑战之一。

对此，庞明礼（2009）认为行政层级扁平化之后，省级部门很可能无法有效监督大量的“直管县”，市级政府又无权监督，容易导致腐败和地方保护主义等问题的频发。杨德强（2010）认为省直管县的顺利推行有赖于处理“省—市”的利益分配关系和“市—县”资源调配关系的协调。张占斌和汪大海（2011）研究认为，在改革实践中存在着如下问题：实践中扩权放权的落实不到位，加上地级市对向县级扩权有所抵触，极易形成市、县政府间利益摩擦；垂直管理部门在扩权政策中定位不清，造成县级政府的角色定位模糊，上下级政府间易产生冲突。石亚军和施正文（2010）指出在实行省与县财政对接过程中，产生了事权、财权难以匹配、“市—县”利益冲突、“省—市—县”财政与行政体制不易协调等问题。才国伟等（2011）的实证研究表明：“强县扩权”提高了地级市的财政收入，抑制了地级市财政支出，同时也促进了城市经济增长，但是不利于城市产业结构调整，而省直管县则恰恰发挥了截然相反的作用；“强县扩权”和省直管县都利于改善城市的环境质量。庞明礼（2013）谈到，改革中地级市由于财力弱化等原因，面临权责匹配的困境，县（县级市）和地级市都面临定位不明确且彼此协作有难度的困境。Yu and Wang（2014）指出若要进一步深化省直管县改革，还需进一步协调“直管县”与地级市之间的利益，并加强对市一级权力的监管。韩艺和雷浩桦（2014）则提出改革进程中需要协调建立良性市县关系，理顺省、市、县权力和责任划分。因此不能笼统地断定省直管县改革一定会有损地级市的利益，应深入地研究各项改革措施的利弊得失，做到扬长避短。

省直管县改革风险已逐步成为改革步伐放缓的重要制约，如何在改革

中协调省、市、县三方利益，如何避免所谓的“一盘棋”模式，进行分类指导、分类推进的财政体制改革，尚缺乏系统的分析框架和相应的实证研究。本书试图弥补这一不足。

2.2 省直管县对县域经济绩效和民生改善的影响

2.2.1 省直管县改革与县域经济提升

改革开放初期，我国基本形成以“省—地级市—县”为核心的纵向地方政府结构（傅勇，2010），但是由于分税制以来逐渐形成的基层政府支出责任与收入不符，不利于县域经济稳定发展。我国的财政分税制配套改革是顺应市场经济要求的经济性分权改革，而伴随其产生的县乡财政困难状况，在于省级以下一直没有建立真正的分税制财政体制（贾康，2008）。因此，以财政体制扁平化寻求发展突破口的省直管县改革逐渐上升到重要地位。一方面，保持了财政省直管县体制改革的浙江又在先后几次扩权强县改革中使县域经济不断壮大，增强了各省的改革信心；另一方面，行政体制改革关系重大，需中央统筹安排，改变纵向财政结构则较易实施（贾俊雪和宁静，2015）。财政体制扁平化是省直管县改革的直接表现形式，因为对于被直管的县（市）而言，市一级在某种程度上再次由“实”变“虚”。而从改革内容上看，省直管县改革既包括“经济扩权”，也包括“财政扩权”，其不仅仅是单纯的财政层级扁平化，也是一次以理清省以下政府间责权关系为核心的向县级的分权改革，因为加强政府宏观调控的根本在于借助深化财政体制调整、理顺府际关系来破解发展中诸多难题（李猛，2012）。

既然财政分权改革对经济发展具有不确定影响，且许多学者认为其对于经济增长的作用应以分税制为分水岭来划分（乔宝云，2002；刘金涛等，2006；周业安和章泉，2008）。那么，在现有分税制体系下，向县一级的分权是否能促进县域经济增长和产业结构提升？基于此，已有研究对省直管县改革基本持肯定性意见（毛捷和赵静，2012；Ye，Huang and He，2014；孙永杰，2016）。在更进一步的分析中，有研究发现在向县级的分权改革中，“扩权强县”不但促进了县域经济增长，同时对市场化改革有正面作用（袁渊和左翔，2011），而“强县扩权”在经济增长上的促进作用要优于

“财政直管”（才国伟和黄良雄，2010），由改革带来的经济增长，其增长源泉主要来源于经济分权（郑新业等，2011）。在对县级财政解困的作用上，多数学者也基本持肯定性意见（张占斌，2007；刘佳等，2011；贾俊雪等，2013）。

综上，发现在已有研究对改革能有效促进县域经济发展作出肯定的基础上，“扩权强县”模式具有更大优势，但是对该模式如何在改革中促进经济有效提升的制度性因素还缺乏关注。扩权强县模式在本质上是由向县一级扩大经济、社会等事务管理的模式，因此以向县一级分权为切入点，研究改革影响县域经济的制度绩效是本研究关注的核心内容之一。

2.2.2 省直管县改革与县域民生改善

省直管县通过赋予县级政府更大的财权和经济管理权限，显著提高了县级财政分权水平，深化了省、市、县之间的经济和财政分权程度，但其对于民生的影响却是不确定的。

部分学者认为省直管县改革有益于提升县级公共服务水平。王德祥和李建军（2008）认为，省直管县改革通过对市管县体制的改革，提升了县级财政地位及其财政活动的主动性，有效提升了县级财政能力，进而改善了县级的公共服务水平。陈思霞和卢盛峰（2014）基于转移支付视角的研究发现，省直管县改革通过两个机制扭转了城市的资源偏向性配置，即改革一方面建立了县乡经济发展激励机制，使其在自有财力增长的基础上提高本辖区公共服务的供给规模和质量；另一方面改善了县级政府的财政地位，为其获得更多财政转移支付创造了外部条件。杨良松（2016）在分析省内分权和地方教育投入关系中提到虽然分权有助于地方政府投入，但还需进一步发挥县乡政府的公共品供给作用，并注意转移支付制度的缺陷以及不同省内分权的不同影响。

但是，更多学者认为省直管县改革进一步加重了县级支出结构的扭曲。Wang et al.（2011）基于河南省的分析表明，拥有越高财政自主权的县公共教育支出占总支出的比重越低。刘佳等（2012）基于河北省县级面板数据的多维测度表明，改革导致了县域公共物品供给结构的进一步扭曲。陈思霞和卢盛峰（2014）进一步测度了分权对民生性支出结构变动效应的地区间异质差异，指出分权引致的“重基建、轻民生性公共服务”的支出倾向在贫困地区更为明显；省直管县分权的空间配置效应逐步递减。谭之博等

（2015）基于全国21省样本的研究指出，省管县改革在改善县域城乡收入差距、教育、社会救助等民生状况的同时，也显著提高了县级财政分权水平。贾俊雪和宁静（2015）基于全国县级面板数据进行考察，结果表明省直管县财政体制改革在总体上对民生性公共服务产生了抑制作用。

有学者基于改革对于公共服务供给的负面影响进一步提出了具有启发性的建议。王磊（2007）认为在获得居民对公共产品偏好信息相同的条件下要提高公共物品的供给效率，应尽可能减少政府层级并规范府际间事权划分。杨茂林（2010）指出省直管县要以县政建设为基础，以公共服务为基本切入点来提高县级政府的政治能力、加强其政治责任。雷晓康等（2011）认为“扩权强县”改革中的缺陷严重阻碍了扩权改革带来的经济效应向公共服务供给的投入力度上的转化，需要因地制宜地选择公共服务供给模式。肖建华（2013）指出要改善地方公共服务供给，其基本策略在于协调中央政府、地方政府及辖区内居民的利益目标，在政绩考核指标体系中加入服务性公共服务的内容与加大对地方政府的监管力度。

综上，虽然已有研究基于向县级分权的角度，考察了省直管县改革对县级民生财政支出的影响，但是并未对其不同推行方式的财政收入分权和财政支出加以区别地进行研究，特别是对省以下分权体系中具有关键性作用的转移支付制度缺乏相关研究。因此，本研究试图从财政收入与支出分权两方面探讨改革与县级民生财政的关系，并基于此深入挖掘改革过程中向县级扩权与县级支出结构进一步扭曲之间的联系，并特别关注具有财政收入分权特征的转移支付失灵在其中发挥的作用。

2.3 财政分权理论

2.3.1 第一代财政分权理论

第一代财政分权理论提出适度分权有益于提升政府间资源配置的效率，进而论证了多层级政府存在的合理性。Hayek（1945）强调地方政府可以更有效地获取辖区内信息，这使得他们在公共物品供给上比中央政府更具优势，更能满足居民的实际需求。Tiebout（1956）认为，完全的分权可以达到帕累托最优，其著名的用脚投票理论指出居民通过在辖区之间的自由流动来选取自我效用最大化的公共产品与税收组合，从而要求辖区政府提供优质的公共品。Musgrave（1959）认为适度分权有益于公共产品配置效率的改善，并提出了“分税制”思想。Stiglitz 和 Dasgupta（1971）认为地方政府之所以能更高效提供公共产品，原因在于中央政府难以满足居民对公共产品偏好的差异性。Oates 等（1972）提出由于分权也是有成本的，适当分权可以在满足地区间差异性和保持地区间公共产品提供的规模经济效益这二者之间保持平衡。Musgrave 和 Oates 等人的观点构建了以政府间收入和支出分权有利于优化公共物品供给为基调的财政联邦主义。总体来看，支持这一观点的研究主要认为分权体系更利于政府对辖区内不同群体的需求做出快速准确的回应（Shah，1998；Wallis and Oates，1998；Faguet J，2004）。Hayek（1945），提出“分散性知识”理论认为在不考虑辖区竞争的情况下：首先辖区居民对公共物品存在不同偏好；其次与地方政府比较，中央一级政府对此信息的了解会相对缺乏。因此将财权和公共支出授权于辖区政府有助于社会福利水平提高，除非某种公共产品有很大的地区间溢出效应（Oates，1999）。实际上，仅有为数不多的公共物品供给是由中央政府来提供，而如此所获得的规模经济效益却也远远达不到理论预期（Bird and Hartle，1972；Oates，1972；Eden and McMillan，1991；Prud’homme，1995；Sewell，1995；McMillan，1995）。甚至有经验研究表明，某些公共产品或服务在由地方政府提供时的成本更低（Campbell，Peterson and Brakarz，1991）。

但是上述分权理论并不完全适用于发展中国家的现实情况。第一代财政分权理论受到诟病，一方面在于其假设条件过于苛刻；另一方面，也是更重要的是其忽视了发展中国家的地方官员激励机制。首先，发展中国家健全的民主制度尚待完善，“用脚投票”机制并不适用于发展中国家国情，难以实践（Davoodi and Zou，1998；Tanzi，2000）。大多数发展中国家最关键的问题不是辖区之间偏好的异质性，而是在各地区收入不均的基础上，如何解决分权机制所造成的落后地区更为严重的转移支付依赖性（Rowland，2001；Prud’homme，1995）。其次，发展中国家的地方政府官员通常情况下并不会以解决公共福利的改善为其主要目标（Qian and Weingast，1997；Garzarelli，2003），而第一代财政联邦理论则类似于新古典理论，将政府作为“黑箱”处理，认为其天然地保护市场和提供公共产品（Qian and Weingast，1996）。

2.3.2 分权式改革的得失与中国经济增长

分权制度是理解一国政府行为和政策的关键所在，基于 North 等人提出政治制度是经济发展的基础，众多学者开始研究分权的制度因素对经济增长的影响，并提出国家或者地区间的竞争是经济发展的动因（North，1990；North et al，1973；North and Weingast，1989）。在新制度经济学框架之下，Weingast（1995）等人提出了“市场保护型联邦主义”（market-preserving federalism，MPF），因为强调制度作用的重要性，MPF 也被称作第二代分权理论（Qian and Weingast，1997）。关于分权改革的益处，最为经典的是建立在新软预算约束理论基础上的财政联邦主义理论和建立在 M 形组织和 U 形组织理论之上的解释（Qian and Roland，1998；Qian，Roland and Xu，1988；Qian，Roland and Xu，1999；Qian and Weingast，1997）。第二代财政分权理论探讨经济发展背后的制度因素，对于发展中国家的经济增长问题更具实践意义（谢贞发，2015）。

在分权模式之下探讨经济增长，往往离不开对政府组织内部激励因素对经济增长的重要性。Qian and Weingast（1997）认为中国地方政府的强激励有两个原因，一是行政分权；二是财政包干制的财政分权。作为最大的单一制国家，中国从 20 世纪 80 年代就开始了由中央向地方的财政分权化改革（Wong，1991；Lin and Liu，2000），这种极具中国特色的“市场维护型”被诸多学者看作是通过激励地方政府追求经济增长而创造中国“增长奇迹”的制度源泉（Montinola et al.，1995；Lin and Liu，2000；Blanchard and Shleifer，2001；Weingast，2014）。

区别于钱等人的观点，周黎安（2007）认为财政分权的激励模式并不能完全解释中国改革开放以来的经济增长奇迹，并从地方政府官员的晋升激励角度提出了新的解释。中国政府间对上负责的官员晋升机制和以经济增长为核心的政绩考核机制形成了地方政府间的“自上而下的标尺竞争”（张晏等，2005；王永钦等，2006；张军，2007）。由于政治组织中的激励与经济组织中的激励之间存在的差异性，中国分权式改革采取的激励机制更多的是相对绩效的评估，但这种晋升激励机制相应带来了代理人之间的互相拆台以及经济政策向城市倾斜等弊端（王永钦等，2006；张占斌，2007）。这种为增长而形成的政府竞争又存在“税收竞争”与“支出竞争”。为了吸引生产要素的流入，地方政府会在财政支出政策的制定上更倾向于重基础性建设的投入，加上公共支出责任由中央到地方的扩大化趋势，地方政府在“支出竞争”中的支出结构扭曲等问题已成为分权式改革中不容忽视的成本（傅勇和张晏，2007）。另外，政府竞争中的税收竞争与经济增长之间存在紧密联系，地方政府可以通过向企业提供税收优惠等政策吸引资金等要素流入，以促进地方经济绩效提升（沈坤荣和付文林，2006；李永友和沈坤荣，2008；郭杰和李涛，2009）。

在中国财政分权与经济增长关系的实证研究中，林毅夫和刘志强（2000）利用省级数据的估算发现财政分权提高了省级人均 GDP 的增长率，认为财政分权可以提高经济效率。另外，早期研究多数支持中国财政分权促进了经济发展的论点（Ma，1997；乔宝云，2002；刘小勇，2008）。部分研究则认为财政分权对于经济增长的促进作用在分税制改革前为负面的，之后则是正面促进作用（乔宝云，2002；刘金涛等，2006；周业安和章泉，2008）。同时，越来越多的实证研究开始关注分权带来的负面效应。Zhang and Zou（1998）认为财政分权使得地方政府减少了具有外部性的公共品的投入，从而降低了经济增长绩效。张晏和龚六堂（2005）认为财政分权效应的地区差异反而进一步加大了地区发展差距。贾俊雪和郭庆旺（2008）认为自 1994 年分税制以来，经济上的支出分权和维持性支出集权较快的进度，有损于经济增长。林春（2017）则指出财政分权对经济增长质量存在显著的促进作用，并且会因地区的不同而导致促进效果的差异化。张浩天和李鑫（2017）指出财政分权在促进经济增长的同时加剧了我国的产业结构失衡。可以说，中国式分权虽然极大地推动了经济市场化进程，并对地方政府做出了“为增长而竞争”的有效激励，但伴随分权改革产生的其他成本也日益增加（傅勇和张晏，2007），鉴于此，有学者提出了寻求最优分权水平的意义（严冀和陆铭，2003；殷德生，2004），也有学者提出了下一步分权应更侧重于财权层面（陈硕和高琳，2012）。

2.3.3 分权式改革、转移支付与民生改善

回顾学术界对于中国基本公共服务发展滞后的根源认识，不难发现多数研究均认为“中国式财政分权”阻碍了基本公共服务的发展。财政联邦主义的论调中，财政分权意在高效辨识辖区内居民的公共服务偏好，并通过建立优化辖区内公共服务供给的府际激励机制，以及相应的转移支付制度来解决府际财力不均和辖区间公共物品供给不均等问题（Boadway，

1994；Barry，2009；Faguet J，2014）。分税制架构下，府际转移支付作为地方政府的重要财力来源，担负着在横向上均衡城乡财力、在垂直层面均等公共物品供给的重要作用（陈思霞和卢盛峰，2014）。然而，从发展中国家的经验来看，大部分国家均不同程度陷入“转移支付失灵”陷阱，政府间转移支付不仅未能改善地区间公共服务供给质量，还进一步使得不平等问题越发突出（Marton，2007；Marko，2011；Van，Lorentzen and Mattingly，2017）。

深入分析分权体制下转移支付失灵的原因首先会发现，分税制以后的国家财政体制在中央与省级政府之间采取分税制，省以下各级地方政府之间则采取行政发包制，形成了“双轨制”。分税制虽初步理清了中央和省级政府之间的财政关系，却并未合理贯彻和完善省以下府际财权的有效配置，解决省以下四级政府之间的收入划分问题。陈抗等（2002）认为，在地方政府角色的转变中，分税制起到了明显推动作用。昌忠泽（2017）在以北京市为例的实证研究中发现，分税制前分权体制与北京市地方公共物品的供给不存在显著的相关关系，而分税制改革以后，财政分权体制与北京市地方公共物品的供给存在显著的负相关关系。

财政分权引发的基本公共服务供给滞后、民生性支出失衡等问题产生的原因大致可以归为：转移支付诉求的均等化原则与促进公共服务发展的效率问题难以兼容（乔宝云等，2006；范子英和张军，2010），一方面我国转移支付制度的设计导致其更倾向于满足财政支出缺口较大地区的需求，即经济较发达、人口规模较大的地区更易获得较多的转移支付资金（尹恒和朱虹，2012；贾晓俊和岳希明，2012），再者，纵向的事权、财权不匹配引发了转移支付的显著负外溢性，由此产生的地方政府预算软约束弱化了分权制度的既定约束，导致地方政府公共产品支出效率低下（赵为民和李光龙，2016）；“政治锦标赛”式的晋升机制引致强烈的政府间财政竞争，不断扩张以地区经济增长为导向的生产性公共支出规模，进一步加剧了财政支出的结构性扭曲，抑制了相关服务性公共物品的有效供给（周黎安，2004；沈坤荣和付文林，2005；傅勇，2010；邵敏和包群，2011；袁渊和左翔，2011；崔志坤和张燕，2017；Van，Lorentzen and Mattingly，2017）；分权体制下的县级基层财政困境直接带来了基层政府服务性公共物品供给能力不足、支出结构偏差、地区差距日益显著（姚洋和杨雷，2003），更有学者指出由财政分权引致的地方公共服务供给不均、不足等现象的根源也需因地区差异而具体分析（辛方坤，2016），例如由转移支付导致的县级公共服务供给能力弱化对于欠发达地区的影响则更为显著（鲁航和鲍曙光，2017）。

综上可以发现，现有文献认为分权引致公共物品供给水平低下的原因主要有三点：转移支付失灵、官员晋升机制以及分权体制引发的基层财政困难。而其中官员晋升机制与压力式分权又被看作是经济增长的制度源泉。可见，经济增长与公共物品供给之间存在“此消彼长”的关系，即经济增长要付出支出结构扭曲的代价。同时也可发现讨论一个地区改革的经济绩效和财政绩效的研究十分缺乏，特别是近年讨论县际层面的相关研究更为罕见。因此，本研究以中国式分权引发基层财政困难的逻辑为背景，基于四川省的县级面板数据，进一步分析改革是否能够通过向县级扩权来达到“调结构、促增长、惠民生”的多重目标并达到促进县域经济发展的目标。

3　省直管县体制改革的背景、目标与实践

县域是指以县（市）为基本行政单位的地域单元，县域发展涵盖多层次内容，其中最受关注的则是在经济社会转型中的县域经济发展和县域民生改善，也是省直管县改革实践落实于县域的主要目标导向。

3.1　省直管县体制改革的背景

我国县域面积占国土总面积近70%，县域人口占全国总人口数量近80%，足以显示县域社会的重要性。随着我国经济社会改革的深化，县域经济总量在全国GDP中的占比持续上升，截至2014年，这一占比达到49%，足以表明县域广阔的发展空间和巨大的发展潜力。但是，我国在经济增长和社会建设方面都取得举世瞩目成就的过程中，改革开放引发的利益多元化发展在不同层次、各个方面忽略了县域经济社会的发展问题，其中被广泛关注的问题是县域经济发展、县域公共服务供给失衡、县级财政压力过大和城乡发展不均等，这些问题产生的背景可概括为以下几个主要方面：

3.1.1　市管县体制的束缚

行政区划的确立涉及国家行政体制建设和经济社会稳定，以及工业化、城镇化、信息化建设等诸多方面；省内财政体制变动中“省—市—县”行政关系的发展和变革形成了省内财政分权问题的核心问题，同时深刻影响着县域经济社会的发展。从新中国成立初期到改革开放，“市管县”体制虽有所发展，但并未全面兴起，“市管县”体制的真正大规模发展则是在改革开放以后。当时所推行的“市管县”体制主要通过以下几种模式来实现：

①比较大的省辖市与地区合并，实行“市管县”；②所在县区的县级市升级为地级市，管辖原地区所属县；③将新设的县级市升格为地级市，实行“市管县”；④把县直接升级为地级市，实行“市管县”。到改革基本完成，地级市管县的数量基本占到全国地级行政建制的70%。在这种情况下建立起来的地级市基础薄弱，显然不是在长期发展和积累中逐渐形成的中心城市。虽然“市管县”体制在当时所处的时代环境下促进了市场经济发展，但却在长时期内转变成了对县域发展的掣肘。其主要制约表现为以下几方面：

（1）由于我国“强中央、弱地方”的体制倾向，市管县体制下纵向地方政府间责任、权力的不匹配导致县级政府在重压之下难以支撑和带动本县经济社会的发展。由于市级在集中财政收入的同时，并未有与之相匹配的支出责任的划分措施，因此形成了上下级之间在财政利益上的冲突。

（2）市管县体制的推行在“省—县”之间增加了新的行政层级，降低了行政管理效率，县级政府的发展诉求难以得到中央和省级政府及时有效的反馈。管理层级的增加导致省、县之间政令不畅，省以下各级政府之间信息反馈时间较长、效率较低、信息失真的概率较高。

（3）“撤县设市”和“升级合并”的城市往往自身经济实力有限，不足以带动所辖县域的发展。在政府学理论的研究中，实现利益最大化被认为是政府间纵向关系模式变迁的根本动力。市管县体制的初衷在于充分发挥城市的带头作用，但地方政府借机寻求权力扩张的内在驱动力加上政策层面的客观激励，在体制建设上急于求成。在这轮体制改革中，整县改市的比例在新设市中占比较高，但有些县级市的城镇人口比例甚至不到10%，城市化程度极低，一方面，这种实力较弱的中心城市难以辐射带动所辖县域的发展；另一方面，这部分城市借助行政上的领导地位，进一步汲取其所辖县的财政资源以弥补自身的经济滞后，如对省级下达的转移支付资金的截留等。

（4）行政区划是国家行政体制稳定运行的重要组成，县制又是中国行政建制稳定运行的基石，对县级行政区划的轻易变动为后续市县资源的整合、利用和统筹区域协调发展带来了诸多问题。首先，市县之间的利益争夺导致了地区资源的内耗，基础设施建设和产业发展上的同构竞争严重抑制了市场竞争对资源配置的积极作用。其次，20世纪80年代以来，伴随着与市场经济发展相适应的行政分权化趋势，经济管理权限较多下放给地方政府，市与县之间更多的是“块块”关系。根据周一星等（1992）对市管县体制下辖县经济的调查，在所调查的59个县中，54%的县在财政上与市一级是分别向上结算。市县之间虽名为从属关系，其实市县之间垂直的“条条管理”是建立在不同的“块块利益”上，这也是我国行政分权化过程中集权与分权矛盾在基层政府的映射。因此，对县级行政区划变动的决定可能激化行政体制调整中集权与分权的矛盾，并且造成了行政管理上的混乱局面，有碍县级财政的运行和县域经济发展中的资源优化配置。

3.1.2 城乡二元结构所带来的城乡发展不均

中国传统的县域和县域经济与农业和农村基本上是密不可分的，以至于当今在统筹城乡发展的战略规划中，农村经济的发展不可避免地成为县域经济增长的关键所在。长期以来的农业支持工业、农村支持城市，以及城乡分治所形成的城乡二元结构带来的城乡发展不均，严重阻碍了县域的经济增长和民生改善，至今仍然是制约国民经济可持续增长的“短板”。

（1）由于历史原因所致，我国经济社会在发展中所形成的“城乡双轨制”特点也是县域经济发展严重滞后于城市的重要原因之一。我国经济起步时生产力水平较低，工业化水平严重滞后，经济突飞猛进的发展是以剥夺传统农业的剩余价值为代价进行的工农产品不等价交换。而在改革开放以后，通过拉大收入差距来鼓励市场经济发展的模式更拉大了城乡发展差距，而这种发展方式更利于具有资源优势的城市经济。

（2）农村的土地、劳动力等主要生产要素流动受阻、农村资源无法得到合理有效配置，“三农”问题难以从根源上解决，产生了新的城乡二元经济结构。例如农村土地必须经过地方政府征收，才能进入城市建设用地市场，形成土地市场城乡二元分割。无论新旧城乡二元经济结构，都使农村无论在经济发展水平上，还是在民生改善上，如教育、医疗、社保等方面，都远远落后于城市，使县域经济增长和民生改善受阻。

（3）分税制并未合理划分省以下财权、事权，在实践中形成事权下移、财权上收。处于最底层的县级政府持续的承接上级政府下移的事权，同时还不得不面临财权上收，长此以往，致使县级财力困境不断恶化。加之地方政府间的发展竞争，不断扩张以地区经济增长为目标的生产性公共支出规模，进一步加剧了财政支出结构扭曲，基层政府赤字激增。

3.1.3 因财权与事权非对称性而引发的县级财政难题

一是分税制并未合理划分省以下财权、事权，在事权下移、财权上收的分权体制下，县级财政长期受制于上级政府，使得县级财力困境不断恶化；二是“官员晋升锦标赛”体制引发的政府间财政竞争，不断扩张以地区经济增长为导向的生产性公共支出规模，进一步加剧了财政支出结构扭曲，政府赤字激增；三是我国县域经济连接着城市经济与农村经济，覆盖范围广，县域之间在地理条件、经济基础、资源禀赋等方面差异极大，是我国经济区域发展不平衡的特点在县域经济层面的微观体现。因财权与事权非对称而导致的财政支出结构扭曲又会因为县域发展不均而加剧，于是形成县域发展不均与财政支出结构扭曲的恶性循环。这一点也是县级财政困境的根源，其要点将在第四章详细讨论。

3.2 省直管县改革的重要目标：县域经济发展与民生改善

县域经济社会是我国经济社会的基础单元，其发展的滞后也成为我国发展进程中后续动力的制约因素。县域经济和县域民生是县域发展的两大重要任务，本节在分析县域经济和民生重要性的基础上，解析省直管县体制改革的两个重要性：①以经济管理权限下放为主的“扩权强县”改革作为省直管县体制改革的先行试点工作，有利于激发县域经济发展活力；②以政府间收支划分、转移支付等直接实现财政省直管县的财政扩权改革通过省内分税制的深化提升县级财政地位，扭转原有体制下公共资源配给的城市化倾向，以及改善县级财政自给能力，从而有效缓解中西部地区的县乡财政困境。

3.2.1 壮大县域经济的必要性

3.2.1.1 县域、县域经济和县域经济绩效的内涵

县域是区域的一种特定形式，是指县级行政区划范围内的地域和空间，是相对于全国和省域而言的区域概念。县域经济是指以县级行政区划为地域范围，广大农村以县城和乡镇为依托，以县级政权为调控主体，以市场为导向优化资源配置，实现第一产业、第二产业、第三产业全面和协调发展，并

且兼具地域特色、人文特色的功能完备、生产门类齐全的区域经济体。

县域经济的内涵主要包括以下几个方面：①是县级行政区划范围内的地域经济，有特定的地理空间，明显的区域界限，反映的是与县域的地理特征紧密联系的区位特点、资源禀赋、人文特色等，可以形成以某一产业为主体的特色经济，属于区域经济范畴；②是与地方行政架构相对应的经济单位，有法定的行政主体，可以反映县级政府在地方经济发展中的管辖范围与调控职能，是国家的基本经济单元；③是开放有序的市场经济体系，可以突破人为划分的地域和边界，引导资本、劳动力等生产要素跨区域流动，通过资源的有效配置获取竞争上的比较优势；④是功能较为完备的综合经济体系，包括县、乡（镇）、村三级行政区域内的经济组织和经济个体，其活动涉及生产、流通、消费、分配各环节，一、二、三产业各部门；⑤由于受主观和客观发展条件限制再加上地域广袤，县域之间呈现明显的发展不平衡态势，主要体现在县域经济、社会以及县级财政能力等方面，因此也是一种具有地理、人文、经济等特征依赖的发展不平衡的地方经济。

对于县域经济绩效内涵的界定，传统的理解更多地强调以行政区划所界定的县域范围内，包括县、乡（镇）、村三级行政区域内的经济与资源分配以及资源利用有关的效率评价。在相关的主流研究文献中，也多采用的县域经济增长或县域经济增长效率方式来呈现（毛捷和赵静，2012；罗植等，2013）。但在经济“新常态”下，促进县域经济平稳较快地可持续发展是主动适应经济“新常态”、推动供给侧结构性改革的主要着力点，也是协调城乡发展、实施乡村振兴战略并促进农村一、二、三产业融合发展的关键切入点，战略意义重大。因此，对于县域经济绩效的客观评估，还应当考虑县域产业结构转型因素，既展现出县域产业城镇化进程，也体现出改革中所谓“稳增长、调结构、惠民生”的发展弹性。故本书将产业结构优化升级也纳入评估县域经济绩效体系之中。

3.2.1.2 当代县域经济的地位和作用

县域经济是我国经济的重要组成部分，其上接城市，下承农村，是连接城乡经济的重要环节，可谓微观经济之首，宏观经济之末。在国家经济发展进入新的阶段后，发展县域经济的重要性主要体现在以下几方面：

（1）县域经济是国富民强的基础，是国民经济的基本单元。据统计，2015 年我国县级行政区划有 2 854 个，其中市辖区 897 个、县级市 361 个、县 1 425 个、自治县 117 个、旗 49 个、自治旗 3 个、特区 1 个、林区 1 个。

2014年，我国县域面积88万平方千米，县域人口94 283万。县域地区生产总值达31.15万亿元，占国内生产总值的49.06%。完成固定资产投资248 732亿元，占全国固定资产投资49.55%。第一产业增加值45 965亿元，占全国第一产业增加值的78.8%。第二产业增加值158 408亿元，占全国第二产业增加值的58.37%。

（2）县域经济是统筹城乡协调发展的重要推动力量。统筹城乡发展和壮大县域经济是党和国家经济社会发展的总体战略布局，而发展县域经济又是实现城乡统筹的重要切入点。国家“十三五规划纲要”中提出，要靠提升县域经济支撑辐射能力推动新型城镇化和新农村建设协调发展，促进公共资源在城乡间均衡配置，拓展农村广阔发展空间，形成城乡共同发展新格局。特别是要培育发展充满活力、特色化、专业化的县域经济，提升承接城市功能转移和辐射带动乡村发展能力。

（3）县域经济是支撑工业发展的资源基地。我国自然资源，诸如农业资源、森林资源、国土资源、矿产资源、水资源等都大部分蕴藏于县域。以农业资源为基本原料的食品工业和轻工业，以矿产资源为原材料的重工业和新兴产业等，大都需要县域资源的支撑。另外，来源于县域的农村劳动力资源也是国家建设不可或缺的生产要素之一。因此，县域经济为生产力发展提供生产要素。

（4）县域经济的发展有利于扩大商品消费市场。县域经济包括县、乡、村三级行政区域内的经济组织和经济个体，随着新型城镇化的推进和统筹协调发展，县域居民可支配收入及消费水平的提高，县域经济将成为拉动消费的巨大市场。由于县域消费水平的持续增长、人口结构的变化、消费观念以及政策环境的转变，在县域开展消费金融成了当前扩大内需的重要途径，县域也将成为巨大的潜在消费市场。

（5）县域经济是具有纽带作用的联结型经济。在国民经济中，县域经济连接城乡，具有承上启下的作用，可以被称为宏观经济之末，微观经济之首。从区域经济的角度来看，县域以县城为中心，以乡镇为纽带，其城乡兼容的特性使县域经济成了农村经济和城市经济的中介。从中央到地方的垂直行政管理角度来看，县级政府作为功能完备的“准”基层政府，直接面对农村社会实施管理，同时又是我国城镇化进程的枢纽环节，处于承上启下的地位。

3.2.1.3 县域经济发展近况

县域经济是国家的基本经济单元，县域经济承担着县（市）全域的经济发展任务，也负有全域的社会民生改善责任。对县域经济的研究不仅是考察区域发展态势，也是对微观单元经济动态的掌握了解。

图 3.1、图 3.2 显示了近几年县域经济的基本走势：2008—2014 年，县域经济总量在 GDP 中的占比从 2008 年的 46.87%上升到 2013 年的 52.64%，上升了 5.77 个百分点，但在 2014 年这一占比下降到 48.99%；2011—2014 年，县域固定资产投资额在全社会固定资产投资额中的比重从 2011 年的 40.20%显著上升到了 2013 年的 49.5%，增长了 9.3 个百分点，之后略有回落①。

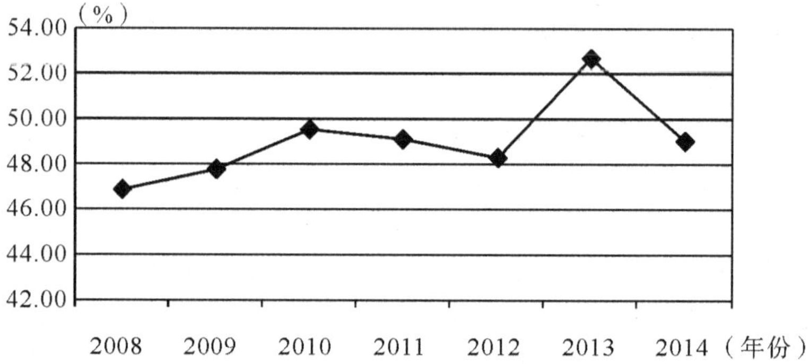

图 3.1　2008—2014 年县域经济地区生产总值占 GDP 比重

数据来源：2008—2014 年《中国县（市）社会经济统计年鉴》。

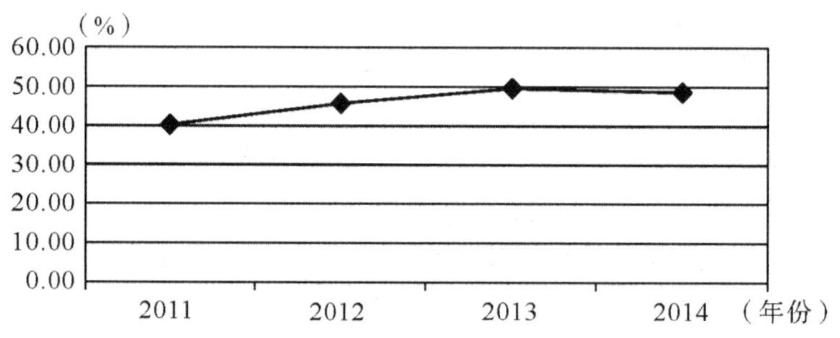

图 3.2　2011—2014 年县域固定资产投资占全社会固定资产投资比重

数据来源：2011—2014 年《中国县（市）社会经济统计年鉴》。

另外，据《县域经济发展报告（2016）》对全国 400 个样本县（市）

① 本研究统计的县域经济数据主要来源于县、县级市、自治县、旗、自治旗等存在真正发展困难的“县”级数据，并不包含同为县级行政区划的市辖区。

的经济数据考察，县域经济在2014—2015年的发展形势在总体上呈现以下几个特征：

（1）经济增长速度总体放缓。2015年400个样本县市地区生产总值，比2014年实际增速回落了2.26个百分点。样本县市经济增长速度放缓的范围也有所扩大，分地区来看，中部地区县域经济增长速度最高，西部地区县域经济增长速度最低。

（2）省份间经济规模差异较大。分地区来看，东部地区样本县（市）平均经济规模为487.0亿元，中部地区和西部地区样本县（市）平均经济规模分别为335.7亿元和323.6亿元。从省份来看，江苏省县域平均生产总值最高，达到748.9亿元，山西省县域平均生产总值最低，为181.9亿元，前者约为后者的四倍。

（3）社会消费增速相对平稳，消费占GDP比重有进一步提升。其中，中部样本县（市）社会消费平均增速最高。

（4）投资增速仍然较高，投资与消费比率占GDP比重持续上升。其中，中部样本县（市）投资平均增速最高，部分县（市）出现负增长。

据《县域经济发展报告（2016）》对所选取样本县（市）的经济数据考察结果，2015年中国经济延续了深度调整的态势，县域经济增速总体出现更为显著的下滑，特别是部分地区县域经济甚至出现大面积负增长，对当地经济带来了严重的影响。可见，中国县域经济发展的走势尚不明晰。

3.2.1.4 壮大县域经济，推进行政管理体制改革

在县域经济发展走势尚不明晰的情况下，我国处于转型期的经济增长方式转变对地方经济发展和地方政府的改革都提出了新要求，省直管县改革是创新省以下行政管理体制、发展壮大县域经济的一项重要举措。

我国新型城镇化和工业化的主要空间正在向县域转移，县域经济已成为我国经济发展的新增长点，因此，发展县域经济是我国现阶段农村资源向资本转化的最主要途径，也是推进新型城镇化和工业化的重要渠道，更是我国经济发展新阶段的要求。“壮大县域经济”2002年首次被写入党的十六大报告中，党的十七大也再次强调了“壮大县域经济”。国家《十二五规划纲要》中提出“加快县域经济发展”，《十三五规划纲要》进一步提出了发展县域经济的具体要求：“促进公共资源在城乡间均衡配置，拓展农村广阔发展空间，形成城乡共同发展新格局”“培育发展充满活力、特色化、专业化的县域经济，提升承接城市功能转移和辐射带动乡村发展能力”。

因此，积极推进省直管县改革，理顺省、市、县三级间财政关系并且提升县级地位，从而在防止市级对县级资源的挤占、增强县域经济发展活力、保障县级政府自有财力的基础上壮大县域经济。同时通过扩大试点县（市）经济管理权限，在行政、财政上实施省直管县改革举措，扩张县域经济管理权限，激发县级政府壮大自身经济实力的主动性，释放县级更大的自主发展能力，使之成为中国经济增长的新空间，刻不容缓。

3.2.1.5　省直管县是提升县域经济绩效的关键点

（1）为“四化”良性互动带来新的契机。县域经济作为区域经济的基本单元，是当前承载新型工业化、城镇化、信息化和农业现代化的主战场，也是在“新常态”背景下保持中国经济稳定发展的“新空间”。省直管县改革实现了府际之间的职能、权力体系重构和精细划分，充分赋予县级政府有效引导区域经济发展和区域资源配置权力，增强县域经济活力。

省直管县改革后，县级政府作为县域资源配置主体，可通过相对充分的经济管理权吸引资本和技术，从而完成生产要素的经济价值转化，夯实产业基础、促进城镇化，并为农业现代化提供支持。取得的效果是，县域发展过程中各种要素集聚重组推动城镇化进程，而城镇化又为新型工业化、信息化和农业现代化提供了充裕的空间载体，这不仅可为新型城镇化创造一系列基本条件，也为新型工业化、信息化和农业现代化提供了一种动力机制。

（2）夯实县域经济基础，并以主体功能区空间战略规划为指导，构筑多点多极支撑县域作为区域经济发展的基础单元，省直管县改革使其成为功能相对完备的经济社会综合体后，同时也就具有多点多极战略格局底部支撑的功能。传统单增长极模式，即集中优势、重点布局，将优质资源投放至发展潜力大、规模经济明显和投资回报高的少数地区，通过少数增长极的极化辐射效应，同心圆式带动周边地区发展的增长模式。这虽然能够在经济开发早期充当区域经济发展“启动力”角色，但随市场机制自发性作用所催生的单极模式的极化效应主导化，其辐射效应必然弱化，导致区域发展长期处于非均衡状态；在经济进入新常态情况下，主体功能区域自主发展意识和区域经济一体化理念深入人心，从而赋予区域经济社会发展多点多极支撑，协同发展。

省直管县改革从体制和机制层面构筑区域主体功能区打造平台，较好的引导经济要素向具有发展潜力的县域集聚，从而构筑起多点多极发展支撑的牢固基石。这正好契合现代区域经济发展走势——主体功能区打造与多点多极发展战略需求，促进经济支撑点和经济增长极的快速形成，以“点”和“极”在空间载体上的有机统一，以点带面、由点到极、多极共生，并对周边地区产生更强劲、更持续的极化扩散效应。可见，省直管县改革不仅是夯实县域经济底部基础的需要，也是促进经济中心与经济辐射接受面在互动中协调发展的需要。

（3）省直管县符合提升经济体制效率的要求。市场经济体制的不断完善日益要求作为最完整、最基层的“县”级政府能够充分发挥其在“具有区域禀赋”的资源配置中的特殊作用，提升优化资源配置的效率，这正是省直管县改革能够顺利推行并取得良好治理效果的根源所在。自主发展意识明显增强和管理权限的扩大，激发了县级政府加速经济发展的主动性和积极性，产业结构不断调整优化，经济发展质量明显提高。调查数据显示，省直管县改革后各项经济指标大幅度提升，仅 GDP 一项，2013 年全国第一批扩权县比 2007 年增长了 131%，年均增长 15%；第二批扩权县比 2009 年增长了 86%，年均增长 17%。改革后，县在财政预（决）算上直接对省，省财政资金调度和专项资金直接下拨到县，县的财税收入能够直接归属县政府支配，不仅极大地激发了扩权县大力发展经济、增强了组织财政收入的积极性，同时也极大地调动了县级政府当家理财的积极性，财政运行能力显著增强，财政支出效率明显提高。

3.2.2 改善县域民生的必要性

3.2.2.1 “民生”概念界定

“民生”一词最早出现在《左传·宣公十二年》中的“民生在勤，勤则不匮”，“民”就是百姓，“生”即生计。在《现代汉语词典》中，对于民生的解释是“民众的生计、生活”。一个国家的经济、科技、教育、文化等事业的建设程度与该国人民的需求层次息息相关。根据马斯洛的需求层次理论，人的需求存在由低级向高级逐渐发展的规律，当基本生存的需要得到满足后，其后才能渐次形成新的需求激励因素。因此，本研究认为民生的第一层含义主要指人民群众的“生计”问题，即赖以生存和维持基本生活的需求；其第二层含义则指与满足人民的各种“生活”需求、“发展”需求息息相关的政治建设、社会进步、制度安排、公平正义、公共服务保障机制的建设和完善，当代社会，人民生活需求的满足是与国家社会环境和经济环境紧密相连的。

中国（海南）改革发展研究院在《百姓·民生》中这样界定："所谓基本公共服务是指建立在一定社会共识基础上，根据一国经济社会发展阶段和总体水平，为维持本国经济社会的稳定、基本的社会正义和凝聚力，保护个人最基本的生存权和发展权，为实现人的全面发展所需要的基本社会条件。"

基于此，本研究认为广义上的县域民生涵盖县域范围内政治建设、社会进步、制度安排、公平正义、公共服务等各方面内容，其内涵深刻、外延广泛。狭义上的县域民生概念，主要是指县级政府财政提供的教育、医疗卫生、科学技术、社会保障和就业、文化体育与传媒等满足人民生存需求的公共产品，如社保、医疗和满足人民发展和自我完善需求的如教育、就业、环境保护等方面的公共服务。本书研究重点是狭义上的民生概念，即现阶段我国基本公共服务的主要任务。

3.2.2.2 县域民生亟待改善

民安则邦固，民生思想在当代的演变既体现了对我国传统文化的继承和发展，也体现了国家社会经济发展的时代需求。

首先，县域民生是中国多数人的民生。目前，县域人口占比超过全国人口的2/3，因此，县域民生是中国最大群体得以安居乐业的"民生"。其次，县域民生是最让国人关注的民生。如前所述，由于新中国成立初期不得已选择了农业支持工业、农村支持城市的发展战略，长期实行，城乡分治，牺牲农村、农民、农业利益导致经济社会"二元"化和严重的"三农"困境。尽管自1993年以来中央开始实行"八七扶贫攻坚计划"，基本解决了2亿多农民的生计问题，但是，随着经济社会的发展"贫困"定义演变和"贫困线"标准的提高，大多数贫困人口仍然生活在县域农村，当今中国实施的"精准扶贫"主战场仍然在县域农村，农村基本民生问题一直是国家最关注的重点。

伴随着近年来国家"公共资源配置权下移"，统筹城乡一体化发展进程提速，县域民生问题在国民经济发展、国家和社会治理中的地位越来越重要，已成为社会转型和改革深化的关键点。结合孙学玉（2010）对中国社会转型期民生问题的研究，本书将县域民生问题概括为以下几个方面：

（1）经济转型期的政策偏好。我国在向社会主义市场经济体制转变的进程中，因发展要求存在着在制度安排上"重基础建设，轻民生发展"的偏好，公共资源往往优先用于经济发展，社会治理与公共事务上所获得的资源相对滞后。

（2）经济增长方式转变滞后。我国粗放型经济增长以巨大的资源成本和环境成本为代价，虽然由此获得了经济快速发展和经济规模的迅速扩张，但资源和环境压力却日渐成为制约社会经济发展的瓶颈。

（3）政绩考核指标不完善。民生问题是政府责任和权力归属的体现，虽然我国在由“温饱”社会向“小康”社会转型的过程中，对经济增长速度给予较大的指标权重有一定的合理性，但是长此以往却会造成政府对公共服务和公共产品投入的忽略。

（4）公共财政体制尚未完全建立。我国“分级财政吃饭”的体制刺激了地方政府的投资和扩张冲动，易造成地方政府将资源投向有财税效益经济部门的倾向。

（5）普适性制度安排短缺。国家已有的社会保障制度还存在覆盖范围小，城市倾向性强的特点，例如进城务工的农民工仍然不能享受其工作区域的公共服务和公共产品，说明具有普适性的社会保障制度尚未真正建立。

3.2.2.3　省直管县是改善县域民生的落脚处

国家财政是支持国家统筹城乡发展和改善民生的关键所在。因此，近年来中央不断强化对县域民生性财政支出的转移支付力度，同时，在深化县域民生性财政支出效率的机制完善方面持续发力。2009年，全国财政工作会议明确提出“加快以改善民生为重点的社会领域建设，重点加大就业、教育、医疗卫生、住房、社会保障等民生领域的相关投入，并重点向中西部地区倾斜”；党的十八大对解决民生问题做出了详细安排：“必须从维护最广大人民根本利益的高度，加快健全基本公共服务体系，加强和创新社会管理，推动社会主义和谐社会建设，在财政收支压力加大的情况下，民生投入继续增加”；党的十九大更进一步强调“提高保障和改善民生水平，加强和创新社会治理”，并提出“全面建成覆盖全民、城乡统筹、权责清晰、保障适度、可持续的多层次社会保障体系”。

根据阿瑟·刘易斯（1954）的“二元经济学理论”，发展中国家并存着农村中以传统生产方式为主的农业和城市中以制造业为主的现代化部门，在农业部门剩余劳动力不断被工业部门吸收的过程中，可以实现传统经济向现代经济转化，最终使二元经济结构转变为一元经济结构。我国二元经济结构的顺利转化则需要为流向城市的农村剩余劳动力建立良好的民生保障机制，使这部分人群能够快速、有效地向非农产业转移，加快县域的城镇化进程。因此，加大县域民生性财政支出的占比，提升民生性财政的支出效率，建设县级民生性财政支出的基本保障机制，是财政支持国家统筹城乡发展和改善民生的关键所在。省直管县改革对于加强基层政府公共服务能力的方式主要通过"公共资源配置权下移"和"公共服务统筹权上移"来实现（张占斌，2008）。

省直管县改革以县政为基础，通过以县级政府为主导的公共资源配置来实现"公共资源配置权"下移，对于通过财政体制改革支持县域民生保障体系的建立主要有三个方面的积极作用：

（1）"市"一级中间环节的减少可以使省级政府公共政策更为关注县域发展，有利于调动资金投向县域和"三农"，提高基层政府提供公共服务的财政保障能力，建立向县域和农村倾斜的公共财政管理体制。

（2）省内纵向政府间财政层级的扁平化可以使县级政府获得转移支付资金的渠道畅通，从而为县级提升公共财政支出占比提供保障。改革在财政扩权方面通过财政层级的扁平化实现"省—县"之间的直接联系，如建立省与市、县之间直接建立财政资金的往来关系，转移支付、税收返还、所得税返还等由省直接核定并补助到市、县等措施，都在县级财政地位提升的基础上打通了县级财政利益的诉求渠道，既避免了市级对县级资源的盘剥，也提高了行政效率，降低了行政成本。

（3）通过经济、社会、文化等管理权限和财政权力的下放可以调动县域解决"三农"问题和提升财政自给能力的积极性。通过各项事务管理权限的扩权和财政地位的提升可以赋予县级政府更完整的公共资源配置权力，统筹协调域内发展。

省直管县改革以省内财政体制调整和统筹城乡发展为背景，将县、市的统筹发展权力由市级逐步上移到省级，通过"公共服务统筹权上移"强化以民生为重点的社会事业发展和公共服务提供：

（1）"统筹城乡"与省直管县体制改革相辅相成。非均衡发展战略在城乡公共服务供给不均等问题上留下的历史"欠账"，加上"市管县"体制进一步加剧了城乡公共服务不均，县乡财政困难等问题，都需要通过省一级的统筹规划来理顺省、市、县之间的收支划分，以此释放县乡财政在民生性支出上的压力，增加县级民生性财政支出占比。

（2）县域城镇化进程中的转移支付失灵不仅造就了公共资源供给的城

市化偏好，也造成了各县之间的差异，即落后县域的公共服务供给滞后于经济发达县域。省直管县改革可以通过省直管县体制下的统筹发展原则，进一步理清省、市、县之间支出责任，优化公共资源在县域的配置，改善民生性支出在城乡之间、县域之间的供给不均现象。因此，省直管县改革对于优化公共服务资源配置、推动公共服务均等化等县域民生问题具有重大的现实意义。

3.2.3　改革中的权力配置、资源流转与县域协调发展

3.2.3.1　县域资源配置现况

中国社会经济进一步发展空间已逐步地向县域转移；如何调动可支撑县域经济发展的物资、资本、劳动力等重要资源，以进一步推动县域发展成为中国经济社会发展面临的新挑战；省管县财政体制改革的不断深入和县级政府在改革中承担的职责与其能够动员的资源及目前的财政状况极不相称。因此，如何通过省直管县改革理顺政府间财权、事权关系，达到省内各级政府间权力配置体系的优化，使县级政府得以充分发挥其在资源配置中的高效引导作用，势必应该成为县域社会经济发展最重要的抓手。

从现阶段以“中央—省—市—县—乡”为构成的“剑柄状”府际权力配置结构来看，现行省以下府际权力配置中，原有“市管县”体制仍然存在很大影响，难以满足改革对县域发展提出的内在需求。县级政府在县域经济发展与公共服务供给上缺乏足够权力与市级博弈，市级政府往往凭借政治优势汲取原本属于县区的资源和权益，最终服务于中心城市发展。因此，如要促进县域经济发展和县域民生改善，必须通过构建以县级政府为依托的县域资源配置体系来发挥基层政府自身在资源优化配置中的重要基础作用。而县级政府在府际权力配置中的地位则是决定其发挥引导作用的关键因素，推行省直管县改革即是通过调整省、市、县三级政府之间的财权、事权和财力分配问题，重构省内府际权力配置框架，在经济管理权力、财政权力和行政权力上扩权予县级政府以促进县域经济发展和民生改善。所以省内政府间权力配置体系的优化既是省直管县改革进行的基础，也是省直管县发挥作用的重要途径。

3.2.3.2　省直管县与县域资源配置

中西方关于政府三大职能的表述几乎一致：资源配置、收入分配、稳定经济。由于“收入分配”的内涵是“公平”，属于全国性目标，“稳定经

济”是更明显的全国性目标，由此，这两大职能非中央莫属。而“资源配置”职能的归属则有一番考究，因为要素配置具有特定的时空特征，并与特定配置主体和地域范围相联系。厉以宁提出：“中国经济体制改革的一个实质性问题是寻找一种合理的资源配置方式”。更重要的是特里西（Richard W. Tresch）的偏好误识论早已从信息角度证明：“越是基层政权越在掌握辖区社会经济信息、居民偏好的完整性和确定性方面越有优势。”一方面，由于自然资源禀赋的区域性特征，从县域经济发展来看，土地、资本、劳动、技术等要素的县域性特征是本地经济发展的决定性函数，县级政府根据全国性发展规划和区域性发展规划能够最好地实现自然资源的优化配置；另一方面，公共物品、公共服务等资源的配置原则是尽可能缩短供求距离，以实现供给能力与需求间最佳吻合和供需成本的最低。这也正是省直管县改革的主旨所在。

另外，当今中国经济社会进一步发展的空间必须向县域转移，通过省直管县调整县域资源配置体系，使资本、劳动力等重要资源能够在县域这一基层得到优化配置，对于县域承接新的产业转移实现“大众创业”、承接科技转化实现“万众创新”，促进经济增长具有极其重要的现实意义。这也正是发挥中国幅员辽阔、人口众多、经济发展不平衡所具有的“发展弹性”和“发展韧性”优势的明智选择。

因此，充分发挥市场机制在资源配置中的决定性作用，同时发挥政府的重要作用，要求我们实事求是地看待县级政府在资源配置方面不可或缺的重要性：发挥其行使资源的整合、配置、协调者角色，特别是使庞大的农业自然资源、广阔农村的生产要素流转起来，以省直管县改革为县域资源要素自由流动创造条件，可视为实现县域资源配置优化、县域社会经济发展的重要路径选择。

3.2.3.3 省直管县改革是基于财政效率的权力重置

政府不仅是改革的引导者，还是改革发展的推动者。长期以来，由于县级政府在纵向府际关系中的“承包方”地位，地方各级政府在县域资源配置中均存在利益诉求。基于县域辐射范围内广大乡村的市场化发育程度相对较低，通过县级地方政府引导县域资本、劳动力等生产要素跨区域流动，以优化县域内资源配置，助力县域经济发展，府际权力配置有重要的调节作用。具体而言，府际权力配置涉及纵向和横向层面权力的划分，此次省以下财政体制改革正是使县级政府有机会成为独立的资源配置主体的基层政府。省直管县改革是通过各级政府之间在财、钱、权上的重新划分，将资源配置权力、财力进一步下放至县级，以释放其发展的主观能动性。其中涵盖两个方面的具体内容：①以经济管理权限下放为主的“扩权”；②以省、县财政对接为主的“财政直管”。基于县级政府在统筹城乡发展和省直管县改革中的特殊地位，通过以经济管理权限下放为主的省直管县改革，县一级在资源配置和要素整合上都获得更大权限和使权限获得更大的发挥空间，实为改革之本意所在。通过省直管县改革赋予县级地方县域资源配置的主要引导角色和权责适配，使之能够通过深掘辖区资源的经济价值和社会价值，并吸引外来资本和技术，从而通过城乡资源的互通有无和辖区内资源的高效率配置，完成生产要素的经济价值转化，在整合城乡资源要素中发挥协调作用。在县域中取得各种生产要素流动与重组，区域经济体系中蕴藏的活力得以焕发，最大限度接受市场化和工业化的辐射带动，在实现地区资源最优配置和地区利益最大化的同时，也为建立起省内各级政府之间的权责平衡机制起到了推动作用（见图 3.3）。

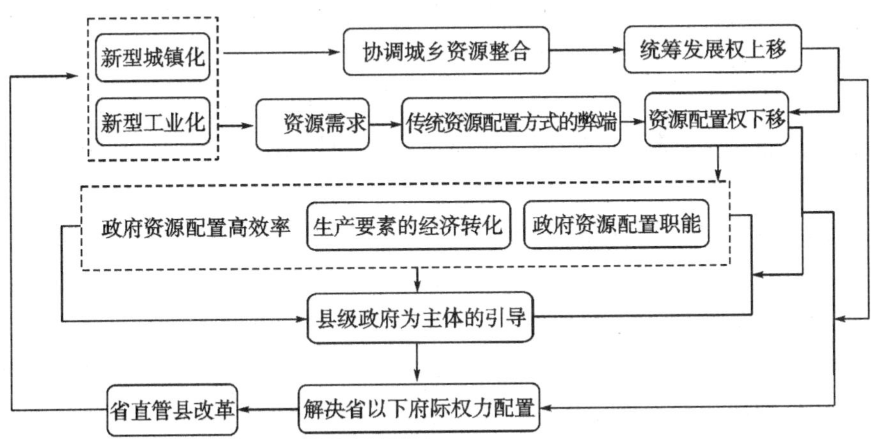

图 3.3 以县级政府为引导主体的资源配置与“两化”实现的逻辑关系

可见，省直管县改革以县域资源配置为抓手，适度扩大县级政府的资源配置权力，在“扩权强县”基础上进一步推行“财政直管”“行政直管”，使县域社会经济发展实实在在地成为推动中国经济增长新的空间，消解几十年城市化建设所产生的疲态。这不仅可以应对不同治理环境、不同发展水平地域的城镇化和工业化对县域发展的苛刻要求，也实在地将政府资源配置权能放在一个具体的行政体中运行，还能巧妙地把资源配置与经济发展模式、民生保障体系建设、社会结构特征、区位地理等因素相契合，在现有体制下通过对公共权力结构调整，下移资源配置权力和要素调配权力等相关经济管理权，增强县级政府的自主性和资源配置能力，培育县级政府自有财力的增长，达到壮大县域经济和优化县域公共服务供给的目的。

3.3 省直管县改革实践

从县域发展的难题不难看出省内财政体制调整的必要性，而省直管县财政体制改革政策的出台也是基于以上县域经济社会发展难题而提出的。

3.3.1 省直管县改革政策的出台

2005 年，财政部召开的全国财政工作会议针对省以下财政体制改革提出：“强化省级财政在调整省以下财力分配方面的责任，加大对财政困难县乡的支持力度；完善省以下财政管理体制在总结经验的基础上，扩大试行省级直接兑现的财政管理体制，大力推行乡财县管乡用改革。”

2006 年，国家《十一五规划纲要》中明确指出：“要完善中央和省级政府的财政转移支付制度，理顺审议下财政管理体制，有条件的地方可试行省级直接对县的管理体制，逐步推进基本公共服务均等化。”

2011 年 3 月，“在有条件的地方探索省直管县体制”正式写入《中华人民共和国国民经济和社会发展第十二个五年规划纲要》。截至 2012 年年底，除新疆、西藏两区，北京、天津、上海、重庆四个直辖市和海南省一步到位实行了省分别直接管理县、市的行政体制外，其余各省份均根据自身条件不同程度地开展了省直管县体制改革。2013 年 11 月，党的十八届三中全会的决议中再次强调：“优化行政层级和行政区划设置，有条件的地方可直接探索省直接管理县（市）改革。”

可见，省直管县改革在近年来展开了由点及面的推行，以经济管理权限下放为主的“扩权强县”改革推行较早，而在行政体制上进行省级直管仍处于探索阶段。

3.3.2 省直管县改革的模式和内容

省直管县改革推行的基本内容可以概括为以下三种①：一是通过“强县扩权”或“扩权强县”改革将县域经济发展的主动权直接对县级政府放开；二是“财政直管”，实行“县财省管”，减少财政体制中的管理层级，形成“中央—省—县”三级财政体制②；三是行政扩权，进行行政管理扁平化改革，省一级在政治、经济、文化等各方面全面“直管县市”，其具体内容如下③：

3.3.2.1 强县扩权/扩权强县改革

强县扩权/扩权强县改革主要是以经济、文化、社会管理等方面的事务管理权限的下放，在经济、社会管理等方面形成类似于省管县的格局，也是通过下放事权予县（市）以促进县域经济发展的改革方式。强县扩权的模式主要是指有选择性地下放权力到经济强县，而扩权强县则是广泛地、分批次地将权力下放，现阶段的推行模式多以后者为主。在管理权限的具体扩权内容上，各省可根据自身实际情况制定政策，基本的操作模式是将原来必须经市审批或由市管理的事项，由扩权强县（市）直接报省审批，报市备案。

3.3.2.2 财政省直管县

财政省直管县主要指在财政管理体制上实行省一级直接管理市（县）。根据财政部 2009 年《关于推进省直接管理县财政改革的意见》（财预〔2009〕78 号）：“实行省直接管理县财政改革，就是在政府间收支划分、转移支付、资金往来、预决算、年终结算等方面，省财政与市、县财政直接联系，开展相关业务工作。”“财政直管”主要几项内容如下：

（1）收支划分。该项内容主要是通过确定市级与县级的支出责任后，

---

① 需要澄清的是，有部分研究者将扩权强县（强县扩权）改革区别于省直管县改革看待，这是片面的认识。该研究认为真正意义上的省直管县包括“强县扩权”“财政直管”和“行政直管”三个内容。另外，从部分省份已有的涵盖“行政直管”的省直管县改革试点可以发现，没有进行经济、社会等管理权限下放的县（市）也不可能成为真正意义上的省直管县。

② 研究中将财政上的省直管县也简称为“财政直管”。

③ 我国县、县级市和市辖区同属县级行政区划范围，但省直管县改革主要对象为县和县级市，以下研究中统称为县。因此，研究中涉及的县域经济和县域民生也主要指具有实际发展困难的县（县级市）的经济与民生状况。

进一步理清和划分“市—县”之间的收入范围和支出界限。其中收入划分的模式主要有两种：其一，进行省内分税制改革，省对扩权试点县（市）实行与市相同的分税制财政管理体制，如浙江、四川、河北等地的做法；其二，按属地原则划分收入，直管县（市）的所属市不再参与分享税收收入和各项非税收入，如广东、江苏、山东等地的做法。而改革中，各省对于支出责任的划分则较不明确，多是“市级原则上不再承担试点县（市）事权范围内的支出责任”这样的规定，缺乏对各级政府支出责任具体应承担具体范围的界定。

（2）转移支付。该项内容主要包括：转移支付、税收返还、所得税返还等由省直接核定并补助到市、县；专项拨款补助，由各市、县直接向省级财政等有关部门申请，由省级财政部门直接下达给市、县；市级财政可通过省级财政继续对县给予转移支付。改革中各省对于转移支付具体内容都在文件中进行了详细规定，并得到了较好贯彻。

（3）财政预决算。该项内容具体要求是：各级分别编制财政收支的预算、年终决算；市一级的财政部门须按规收集汇总本级及所属各区（有关县）预算，并在本级人大常委会备案。各省在实践中对该内容执行差异不大，各县（市）结合自身实际确定财政收支预算，试点县（市）的预算、执行及调整、决算等直接编报到省，同时抄送所在市报备。

（4）资金往来。该项内容主要是：省与市、县之间直接建立财政资金往来关系，市与县之间的日常资金往来关系被取消。各省在实践中对此执行相对一致，试点县（市）的税收收入，按照财政体制就地缴入中央、省或县级金库，非税收入按规缴入中央、省、县级金库或专户。试点县（市）国库向中央、省直接报解财政库款。省一级财政自主确定各试点县（市）资金留解的比例，另外，由省一级财政直接负责向县一级的资金调拨。

（5）财政结算。该项内容主要是：省财政厅直接负责办理与各市、县的各项年终结算事务，市级与县级之间如果存在任何结算事务，则必须通过省一级财政办理。各市、县举借国际金融组织贷款、外国政府贷款、国债转贷资金等，直接向省一级财政申请转贷及承诺偿还，没有按规定偿还的部分由省一级财政直接扣款。年终结算时，省直接对县、市财政结算。在各县（市）举债情况上，部分省份也进行了一些具体规定，如新增债务分别由市、县财政直接向省财政办理有关手续。

3.3.2.3 **行政省直管县**

需要注意的是，“省管县”财政体制是在现有的行政管理体制框架下，由省级财政直接管理地市级和县（市）级财政，事实上是仅就地方财政体制安排而言的；而省管县改革则涉及其他行政管理权限的变动，是地方政府间职责权限的再分配（樊勇、王蔚，2013）。总体来讲，目前各省推行的改革基本上是遵循的是市管县—财政省直管县—强县扩权/扩权强县—行政省直管县—省直管县的演进逻辑，进行改革的省份多实行了强县扩权/扩权强县和省直接管理县（市）的改革，而涉及行政省直管县的省份只有浙江、江苏、黑龙江和河南四个省。

省直管县改革在各省推行的时间、进度和模式都有所不同，因此，取得的效果也有所差异。分析省直管县体制改革的政策效应，不能以偏概全地一概而论，应根据各省实际情况，综合考虑省级管理水平、省—市—县之间管理幅度、市—县之间经济关联程度、县级发展程度等因素，不同地区选择不同的模式，做到具体问题具体分析，才能真正发挥省以下财政体制改革的积极影响。

3.3.3 省直管县改革在全国范围内的推行

省直管县这种渐进式推行模式意味着改革中各省推进的进度、实践的模式都有所不同，即各省在改革力度上和改革方式上各有特点。总体上，除浙江省在推行“市管县”体制时保留了市县各自对省负责的财政制度外，以及北京、天津、上海、重庆四个直辖市和海南省一步到位实行了省分别直接管理市、县的行政管理体制，这次改革基本达到了除新疆、西藏两区以外的全范围覆盖。

在全省县域推行省直管县改革的省份有吉林、黑龙江、江苏、安徽（除马鞍山市、铜陵市、淮南市、淮北市辖县外）、江西、湖北（不含长沙县、望城区及湘西土家族苗族自治州所辖县市）、湖南、甘肃（不含临夏市、合作市）等八个省份；在全省范围内推行了“扩权强县”改革的省份包括广东、四川、吉林、黑龙江、江苏、安徽、湖南等七个省份①；其余省份均在不同程度上推行了“扩权强县”改革或省直管县改革，还有“省直接管理县、市”体制改革试点的县（市）共 34 个，这 34 个县（市）主要

① 相比于省直管县改革，“扩权强县”改革只是行政管理特别是干部任免的权限小一些，经济管理权限完全相同，因此，本书标题和行文通篇均以省直管县改革命名之，并不会因有“扩权强县”改革而产生谬误。

是在维持原有行政区划、机构规格及司法管理体制不变的情况下，赋予试点县（市）与市级相同的社会、经济、文化管理权限，实际上与省直管县改革大体相同。总体来看，由2003年开始陆续实行的省直管县改革已覆盖了全国近半数的县域，而“财政直管”模式的推行范围略广于“扩权强县”的推行范围，具体情况见表3.1。

表3.1　各省省直管县改革模式和进度

地域	省份	县（市）数（个）	财政直管县比例（%）	扩权强县/强县扩权比例（%）	历年改革进度
东部	福建	59	覆盖全省	覆盖全省	扩权强县（2003）+财政直管（2003）
	广东	61	47.54（29个）	覆盖全省	扩权强县（2004，2009顺德扩权）+财政省直管（2010，2011，2012，2013，2014）
	河北	132	69.70（92个）	16.67（22个）	强县扩权（2005）+省直接管理县财政（2009）+省直管县试点（2013，2015，10个）
	黑龙江	64	覆盖全省	覆盖全省	强县扩权（2004）+扩权强县（2006）+财政省直管县（2007）+省直管县改革试点（2011）
	吉林	39	79.49（31个）	79.49（31个）	扩权强县（2005，2013）+财政省直管县（2005）
	江苏	44	覆盖全省	覆盖全省	财政省直管县（2007，52个）+扩权强县（2008）+省直管县试点（2011，3个）
	辽宁	44	4.55（2个）	34.09（15个）	强县扩权（2006）+财政省直管县（2010，2011）
	山东	86	23.26（20个）	26.74（23个）	扩权强县（2003）+财政扩权强县（2009）
	浙江	56	覆盖全省	覆盖全省	扩权强县（1992，1997，2002，2006，2008）
中部	安徽	64	89.06（57个）	覆盖全省	财政省直管县（2004）+扩权强县（2009，2010）
	湖北	63	87.30（55个）	65.08（41个）	强县扩权（2003）+财政省直管县（2004）+扩权强县（2005，2006）
	湖南	87	90.8（79个）	覆盖全省	扩权强县（2005，2010）+财政省直管县（2010）
	河南	109	55.05（60个）	32.11（35个）	强县扩权（2004，2006，2009，2011）+财政省直管县（2007，2009）+省直管县试点（2011）
	江西	80	98.75（79个）	—	财政省直管县（2005，2007，2009）+省直管县改革试点（2014）
	内蒙古	80	2.5（2个）	15（12个）	扩权强县（2014）
	山西	96	47.92（46个）	32.29（31个）	财政省直管县（2006，2012）+扩权强县（2006，2011，2013）

表3.1(续)

地域	省份	县（市）数（个）	财政直管县比例（%）	扩权强县/强县扩权比例（%）	历年改革进度
西部	甘肃	69	97.10（67个）	18.84（13个）	扩权强县（2005）+财政省直管县（2007，2009，2011）
	广西	74	覆盖全省	13.51（10个）	财政省直管县（2009，2010）+扩权强县（2010）
	贵州	74	—	55.41（41个）	财政省直管（2009，2012，2013）+省直管县改革试点（2013）
	青海	41	19.51（8个）	—	计划单列（1992）+财政省直管县（2007）
	陕西	83	32.53（27个）	25.30（21个）	财政省直管县（2006，2009，27个）+扩权强县（2007，2009，21个）+计划单列（2012，韩城市）+省直管县试点（2014，2个）
	四川	135	57.04（77个）	57.04（77个）	扩权强县（2007，2009，2013）
	宁夏	13	覆盖全区	15.38（2个）	扩权强县（2009）
	云南	116	2.59（3个）	6.03（7个）	扩权强县（2009）+财政省直管县（2010）
全国		1769	57.89（1024个）	46.58（824个）	—

资料来源：根据各地省直管县改革文件汇总整理得到。

3.4 本章小结

本章内容基于改革背景、目标与实践的分析和探讨，对改革的基本情况进行了理论剖析，特别对本研究的核心内容——省以下财政体制改革与资源配置权下移中的县域经济，资源统筹权上移中的县域民生进行了详细论述。

首先，本章基于对省直管县财政体制改革背景的描述，探讨和总结了省以下财政体制改革的重要时代背景。简言之，县域经济发展与民生改善的滞后、省以下财政体制难以支撑二者发展构成了改革的基本背景。上述问题既是改革的背景，也阐明了改革意在解决的重大县域发展问题，即如何以省以下财政体制改革为重要基础，以“省—市—县”之间的分权为改革模式，在县级财政解困的基础上推动县域经济发展和民生改善。因此，本章第二节详细论述了县域发展的“两个重要目标”，并解析了省直管县体制改革与“两个重要目标”的具体关系。其次，本研究进一步提出了县域发展难题和县域的协调发展需要构建以县级政府为依托的县域资源配置体系来发挥基层政府自身在资源优化配置中的基础作用，而省直管县的省以下府际权力配置模式正是构建这一体系的重要依托，因此现行的以“中央—省—市—县—乡”为构成的“剑柄状”府际权力配置难以满足改革对县域发展提出的需求。最后，在以上述目标为导向的改革实践中，本章第三节总结了省直管县改革近年来以强县扩权/扩权强县、财政省直管县到行政省直管县陆续在全国推开的实践工作。其中，以扩权强县模式和财政直管模式推开范围最广、实践经验最为丰富，而涉及省以下行政管理体制调整的行政“省管县”仅在少数几个地区有初步实践，且推行效果尚未明确。因此，探索改革由向县级下放管理权限、省级与县级实现财政对接过渡到全面省直管县存在何种阻碍和风险，尚需进一步探讨。

4 省直管县体制改革的动因：基于分权视角的分析

从省直管县改革的战略意图来看，省直管县改革所涉及的最直接对象是“县政”，其意图解决的即“县政”运行中财力和责任不匹配造成的财政支出压力；从改革模式中的“财政扩权”“管理权限下放”和“支出责任进一步划分”等来看，省直管县改革是通过县级财政地位、管理权限的提升，而省以下财政收入和支出上的分权程度进一步深化是影响改革效果的重要因素。因此，考察县级财政运行压力与省内分权的关系是理解省直管县改革如何通过财政分权实现其制度目标的重要基础。

4.1 省直管县改革中财政收支分权的含义

明确省直管县改革中向县级分权的进程及影响是研究财政体制改革支持县域发展的核心内容。以省以下财政体制调整为切入视角，对于省以下财政分权概念的界定又可细分为财政收入分权与财政支出分权。

（1）财政收入分权的进一步深化主要涉及包含除税收立法权力以外的政府税收征管权力、收入分享权力和转移支付获取权力等，实质上也是对于各级政府财力的分配。改革中的“财政直管”主要通过省内分税制在纵向层面的进一步贯彻来实现以向县级“财政扩权”为主的“省—市—县”收入分权。而由于县乡主体税种缺乏、对上级转移支付依赖特征强的因素，其中又以转移支付资金的分配为向县级收入分权的最重要组成部分。因此，“省—市—县”财政收入分权在改革中主要通过向县级的“财政直管”进一步深化来实现，主要表现为意在扩大其财力的举措。

（2）财政支出分权则意味着与县级事务管理权限相对应的政府支出责

任，以经济管理权限的扩大为主要措施的“扩权强县”也代表了支出责任的进一步下放。因此，“省—市—县”财政支出分权在改革中主要通过向县级的“扩权强县”进一步深化来实现，主要表现为通过突破“市管县”体制和与之相伴随的支出责任进一步匹配，对县级政府和县域经济发展松绑等。

4.2 县级财政压力分析

4.2.1 县级财政组成

解析县级财政压力的切入点在于了解地方财政收入的组成。长期以来，中国地方财政收入行为组成复杂，一般可分为预算内收入、预算外收入、制度外收入三部分。由于县级数据的可得性，本书在研究县级财政中所选取数据不涉及预算外收入和制度外收入。

预算内收入主要包括一般预算收入与政府性基金收入。其中，一般预算收入又分为本级收入、中央财政的返还性收入两类：本级收入包括税收收入与非税收入①；中央的返还性收入包括税收返还与转移支付收入。

预算外收入主要是指各企事业单位具有较灵活收取与支配权力的行政事业性收费、国有企业和主管部门收入等财政性资金。从2004年起，为加强对预算外资金的监管，这部分资金原则上需存入“预算外财政专户”资金。制度外收入现在主要有高速公路收费、土地出让金、政府资产出售收入等，其他大部分均属违规收入。随着财政体制改革的不断深化，预算外收入和制度外收入都将被逐步纳入预算内统一管理。

4.2.2 县级政府自有财力分析

县级政府自有财力是指县级一般预算收入占地方一般预算收入的比重，

① 依据1994年分税制体制安排，目前县级政府税收收入主要包括营业税、资源税、城市维护建设税、房产税、印花税、城镇土地使用税、土地增值税、车船税、耕地占用税、契税；与省级政府分享的增值税、企业所得税和个人所得税。非税收入主要包括专项收入、行政事业性收费收入、罚没收入、国有资本经营收入、国有资产使用收入、其他收入。

是衡量县级财政运行状况的指标之一。图 4.1 展现了从 1993 年即分税制改革的前一年到省直管县体制改革在全国范围内推行的 17 年间县级政府自有财力的变化。1994 年分税制改革，全国县级一般预算收入为 529 亿元，占全国财政收入比重为 10.14%，县级自有财力规模为 22.8%。2010 年，县级财政一般预算收入为 13 937 亿元，占全国财政收入的比重为 16.77%，比 1994 年提高 6.63 个百分点，县级自有财力规模为 34.32%，比 1994 年提高 11.52 个百分点。

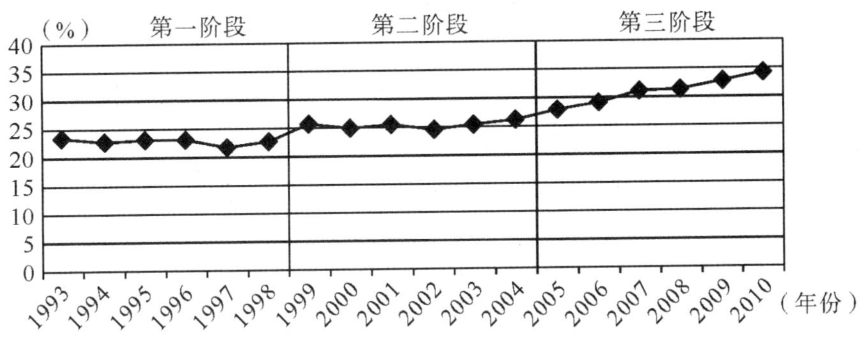

图 4.1　1993—2010 年全国县级自有财力规模

数据来源：根据各年《中国财政年鉴》《地方财政统计资料》及《中国县域统计年鉴》计算得来。

从分税制改革当年到 2010 年，县级自有财力规模的增长大致可以分为三个阶段：

第一阶段为 1994—1998 年，县级自有财力规模一直徘徊在 22%～24%，县级一般预算收入占全国预算收入的比重则一直在 10%～11.5%的区间。此阶段尚处于分税制改革初期，地方整体财力较弱，转移支付规模较小，省以下的转移支付制度也尚未规范建立，因此县级自有财力在这一阶段规模较弱，均值仅为 22.87%。

第二阶段为 1999—2004 年，县级自有财力规模有所改善。1999 年我国县级自有财力规模达到 26.03%，县级一般预算收入占全国财政收入的比值提高到 12.72%。这一阶段县级财力规模在 22.4%～26.24%，均值为 25.43%，比前一阶段增长了 2.56%。这种较为有限的增长一方面可以归功于 1998 年各省基本上完成了省内一般性转移支付制度办法的制定，自此省市级对县级转移支付相对规范。另外，在 1999 年之后，国家加大了对地方财政的转移支付规模，转移支付总量提升较大。这一阶段开始的“西部大开发战略”和民族地区转移支付对县级财力规模的改善亦有所作用。值得注意的是，县级财力规模在 2002 年达到了几年中的最低点，其原因应是 2001 年的农村税费改革和 2002 年的所得税分享改革进一步扩大了县级财力和地方财力的缺口，而相应的补助体制的建立和补助效应的显现有所滞后。

第三阶段为 2005—2010 年，县级自有财力规模从 2005 年的 27. 89%稳步提升到 2010 年的 34. 32%，而县级一般预算收入占全国财政收入比重也由 13. 31%提升到 16. 77%，分别增加了 6. 43 和 3. 46 个百分点。这一阶段较前一阶段的提升水平相对显著，并且呈现稳步增长的趋势。其原因应该有两点：①2004 年以后国家开始着力于解决县乡财政困难问题，在 2005 年设立了解决县乡财政缺口的“三奖一补”专项转移支付；②2005 年以后我国开始大规模推行省直管县体制改革，这次省以下政府间事权划分及财政分配关系的调整对于缓解县乡财政困难或起到了关键作用。

可见，向县级的财政收入分权通过转移支付制度向基层财政的倾斜进一步深化，而在财政收入上县政地位的提升又能够加强县级收入分权的程度，并进一步带动转移支付的准确定位和精准发力。

4. 2. 3　县级政府财政支出

从 1993 年分税制改革以来，县级政府财政支出总体上呈现上扬的趋势，并且在地方财政支出和全国财政支出中的占比一直持续上升（见图 4. 2）。

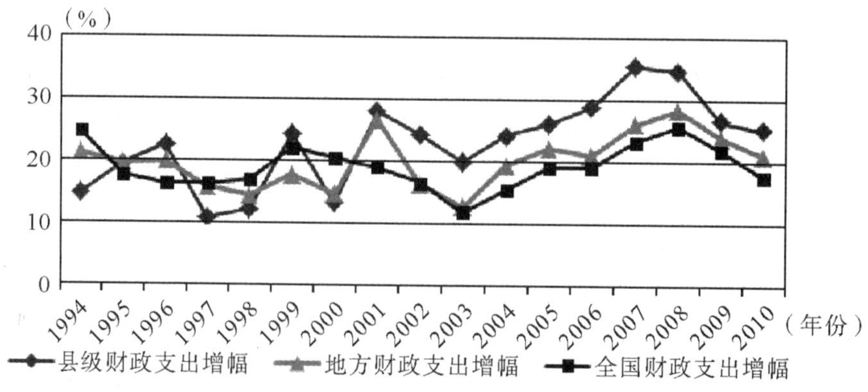

图 4. 2　1994—2010 年我国县级财政支出

数据来源：根据各年《中国财政年鉴》《地方财政统计资料》及《中国县域统计年鉴》计算得来。

1993—2010 年，县级一般预算支出呈年均 22.94%的增速，高于全国平均水平；县级一般预算支出占地方一般预算支出的比重在总体上不断加大，虽然 1995—2001 年的占比还一直维持在一个相对稳定的水平，但是农村税费改革之后，县级财政支出责任不断扩大，2001—2010 年，县级财政支出占地方财政支出的比重由 29.5%持续上升至 45.5%，占国家财政支出的比重由 20.52%上升至 37.43%，增幅分别达到 16 和近 17 个百分点。

4.2.4 县级政府财政自给能力

县级政府财政自给能力也称为县级财政自给率，一般用县级政府一般预算收入/县级政府一般预算支出来表示。如果该系数大于 1，说明政府财政自给能力较强，并且有向他级政府提供转移支付的能力；如果该系数等于 1，则说明该级政府财政虽无能力向他级政府提供转移支付，也无须依赖上级补助；如果该系数小于 1，则说明政府财政需要依赖转移支付或举债来维持运行，而由于中国地方政府无权举债，政府财政自给能力较弱的县级政府只有依靠上级政府的转移支付来弥补缺口（王雍军，2000）。

从 1993—2010 年县级财政自给能力的总体表现来看（见图 4.3），县级财政自给率在 1994 年受分税制改革影响从上一年的 0.778 骤降到 0.447 之后，一直处于偏低水平。1994—2010 年，县级财政自给率的均值仅达到 0.469，说明县级财政自给能力较弱，财政缺口大，对上级政府的转移支付资金存在极强的依赖性。2005 年大规模推行省直管县改革以后，虽然县级财政自给能力有所改善，但受到 2007 年外部经济环境不佳的影响后又有所降低，可见县级财政自给能力抵御经济冲击的能力较弱。

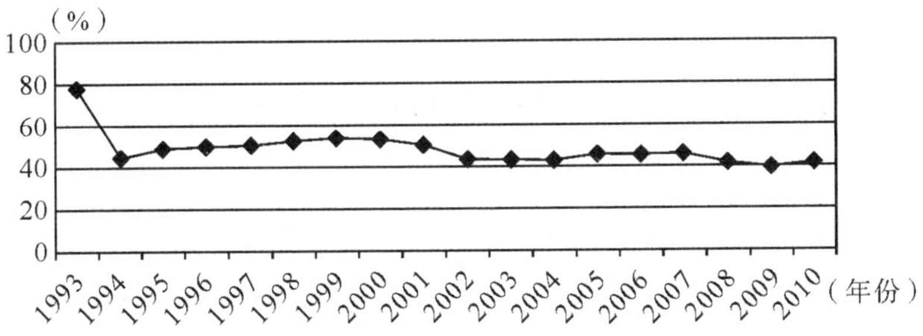

图 4.3 1993—2010 年我国县级财政自给能力

数据来源：根据各年《中国财政年鉴》《地方财政统计资料》及《中国县域统计年鉴》计算得来。

从县级财政自给能力的状况，可窥见分税制在省以下财政体制运行中的具体体现。县级财政自给能力的决定因素，除去地方经济财源的丰歉程度和地方政府的努力，最重要的还是各级政府之间支出责任的划分和税权的分配模式（陶勇，2014）。因此，1993—1994 年县级财政自给率的大幅度下降主要在于中央对于财政收入来源的集中程度使县级收入发生了根本性调整，而分税制的不彻底则使县级财政自给率在分税制之后一直处于较低水平：分税制以后，县级政府财政缺口日渐扩大，县级财政所承担的繁重的支出责任与本级收入严重不匹配。

可见，向县级财政的支出分权在分税制后虽然程度在深化，但是仅仅带来支出责任的逐年递增，财政收入分配和经济管理权限极大受制于市级的情况下，支出责任的紧逼最终导致了其财政入不敷出的局面。因此，提升市—县之间的收入分权化程度，并构建伴随管理权限下放的支出分权体系，是解决县级财政支撑县域发展的关键。

因此，要发挥省直管县改革的制度绩效，还需要通过对原有体制的突破来提升县级财政地位，并在省以下政府间建立真正的分税制。从对改革实践的经验归纳中可发现，许多省份的省直管县改革正是通过实现省直接对县的税收分享及返还、转移支付、专项拨款补助、企事业单位的下划、财政结算，以扩大县级财政收入。但是在各省改革中，虽然属于县级的支出责任或可通过其收入扩大得以减负，然而支出责任未在各级明确的界定仍然有可能带来支出效率的低下和支出结构的偏差，甚至损害改革的本来意图。其原因在于经济管理权限的下放将伴随这一部分责任同时转至县一级，意味着事权和支出权力的扩大，这两项权力又可能成为通过改革使县级财政发挥制度绩效的“双刃剑”。

4.3 分权体系下的县级转移支付

我国县级财政的维持和运转在极大程度上依赖于财政转移支付资金的下拨，县级转移支付体系的运行是研究向县级进行财政分权化改革的重要内容。

4.3.1 转移支付的内涵、作用与构建

广义上的政府间转移支付主要指在责任与权力相对明确、财权与事权

得到匹配的国家纵向政府之间，财政资金同时在垂直层面和平行层面进行的一种无偿转移；从狭义上讲，它是指在财政分权框架下，上级政府（包括中央与地方政府、地方政府上下级之间）根据不同层级政府之间财政状况的差异来核定转移支付数额，通过平衡政府间财政能力、均衡公共服务供给的手段促进区域间平衡发展的财政资金无偿转移。本研究中所涉及的财政转移支付主要指后者，属于中央与地方财政收入划分的“再分配”。

我国转移支付制度的建立主要是伴随分税制改革产生的，旨在均衡政府间财力、平衡地区间公共服务供给不均的状况。1994 年的分税制重新调整了中央与地方在财政收入上的分配格局，削弱了地方财政来源，中央财政收入占全国财政收入的比重由 1993 年的 22%提高到 1994 年的 55.7%，说明中央在财政上的集权程度通过分税制得到大幅度提高。

分税制改革虽然充盈了中央政府的财力，但也自然扩大了地方政府，特别是县乡基层政府的财力缺口。因此，分税制财政管理体制改革后，为保证改革顺利进行、兼顾地方利益、弥补地方财政缺口，中央实施了原体制补助、税收返还和转移支付。原体制补助是由财政包干时期延续来的办法，一般是固定值。转移支付是指由中央对地方进行的无偿拨款，主要包括专项转移支付和一般性转移支付。专项转移支付主要是指中央为实现特定宏观目标和发展战略的资金拨付，用途主要包含专项拨款和国债补助等，具有“专款”的性质。一般性转移支付是指为弥补财政实力薄弱地区的财力缺口，均衡地区间财力差距，实现地区间基本公共服务均等化，中央财政安排给地方财政的补助支出，包括均衡性转移支付、民族地区转移支付、农村税费改革转移支付、调整工资转移支付等①。

由于我国各省之间在经济发展程度、财政能力以及省内财政制度安排上差异较大。因此，省以下的转移支付制度存在很大程度的自主性，这也是转移支付制度效用发挥存在较大省际差异的原因之一。省以下的财政转移支付制度由各省自行安排。表 4.1 展示了省对县转移支付体系构建的主要过程，也是各省县级转移支付体系完善的一般过程，具有一定的共性。

① 一般性转移支付在 2002 年前称为过渡期转移支付。

表 4.1　1994—2005 年县转移支付体系的建立和完善

年份	原体制补助和税收返还	一般性转移支付	专项转移支付
1994	建立原体制补助和税收返还（消费税、增值税）	—	—
1995	—	实施过渡期转移支付	—
1998	—	各省基本上完成制定省内过渡期转移支付办法	—
1999	—	调整工资转移支付	—
2000	—	民族地区转移支付	—
2001	—	农村税费改革转移支付	—
2002	所得税分享改革增加所得税基数返还	过渡期转移支付改名为一般性转移支付	—
2004	增加出口退税基数返还	—	—
2005	—	—	“三奖一补”转移支付

资料来源：根据近年政策文件整理得来。

4.3.2　县级转移支付的地区结构

据统计，继 1994 年分税制改革后的 12 年，除北京、上海、天津三个经济较发达且人口密度高的三个直辖市，全国其余省份县级转移支付总量在总体上呈现不断增长的态势，从 1995 年的 987.52 亿元增长至 2006 年的 8 087.24亿元。其中，县级转移支付总量占省级转移支付总量的比重从 1995 年的 43%上升至 2006 年的 63%；县级转移支付总量占本级财政支出的比重由不足 40%增长至 2004 年的 54.91%，之后略有回落；经济落后地区县级转移支付额度在本省转移支付总额中的占比相对较低，而这部分贫困省份对转移支付的依赖程度更大（王广庆和王有强，2010）。

四川省作为国家下拨转移支付的大省，它的转移支付也逐渐显示出向县级财政的倾斜性。再以近年四川省县级人均转移支付净额为例，2006—2014 年的 9 年，四川省人均转移支付净额从 936 元增长至 4 314 元，四川省县级人均转移支付净额（少数民族地区除外）从 612 元增长至4 131元，增长额度达到了 6.7 倍，与全省人均转移支付的差距由 34.6%缩小为 5%①。

以上数据不仅说明了转移支付制度对县级财政的支撑力度之大，同时

① 该数据根据四川省财政厅提供的《四川区、县、市财政数据》整理得来。

表明虽然贫困省份的县级财政更有赖于财政转移支付制度，但是这部分省份的省市级政府在转移支付层面对县级财政的倾斜力度较弱。可见，转移支付制度对于县级财政的支持力度无论是在横向上还是在纵向上都具有较大的省际差异，其原因可能在于区域经济发展的不平衡引致发达地区的省、市、县三级政府更有条件进行自有财力的培育，财政自给能力远远高于落后省份，而在经济相对落后的西部地区，用以平衡府际财力的转移支付资金在分权体制下被市一级所截留的现象更为严重。因而，从中央到地方转移支付资金的分配偏好虽然体现了其均衡性的特征，但是在由省市级下达至县级过程中，地方政府拥有的自有裁量权使这种偏好在纵向上发生了逆转，甚至加大了落后地区在纵向财力分配上的不均和全国范围内县级财力的不平衡。

综上，分权体制所引致的转移支付失灵现象在贫困地区得到了放大化，而省以下向县级的分权通过改善县在“省—市—县”三级政府之间的财政地位，或可以引导转移支付资金在县域层面上发挥它支持落后地区县级财政、改善县域民生的目的。而以调整省内财权、事权分配关系为主要责任，以促进县域经济增长和民生改善为目标的省直管县改革是否有助于转移支付发挥平衡地区间财力、改善县域公共物品供给？本研究将在其后的实证中做进一步考察。

4.4 本章小结

本章从县级财政压力的具体表现入手，揭示了收入分权和支出分权的划分对县级财政的重要影响。本章研究发现分税制虽然解决了中央与地方之间的收入划分问题，但省内财政体制在很大程度上依旧承袭了原有“包干制”财政体制的特征。这种以行政化维系的财政关系具有极大的不确定性，省内各级政府之间支出责任划分的不确定性延续了事权下移的特点，而县级由于其稳定税源的上移、主体税种的缺乏，再加上市管县体制的抑制作用等原因造成财力与事权责任错位，最终陷入经济社会发展失衡的困境。

综上，本研究将在后续章节中进一步检验省以下分权改革对县域经济绩效和民生支出结构的制度效应，以及分权机制如何发挥作用。特别地，基于转移支付资金维系国家财政分权体制的重要性以及其在运行中的失灵问题，第六章在对县域民生进一步考察中特别关注其通过改革，是否可以更好地发挥均衡府际财力、平衡公共物品供给的作用。

5　省直管县改革的经济绩效：来自四川省的经验证据

前文已经分析了省直管县财政体制改革对县域经济绩效提升的重要意义，以及在经济增长过程中我国县域经济发展走势的不确定性，区域经济发展和财政体制安排的地区差异性带来的改革效果差异。本章通过实证研究进一步基于分权视角考察省直管县改革对县域经济增长和产业结构调整的影响，并试图了解改革政策对不同类型县域是否存在有差异性的影响。

5.1　制度回顾与研究假设

5.1.1　向县一级的扩权与县域经济绩效提升

在现有分税制体系下，已有研究基本肯定向县一级的分权能有效促进县域经济增长和产业结构提升。而在省内分权改革具体作用机制的分析中，有研究进一步指出"扩权强县"体制改革通过"政府竞争"促进经济增长(高军和王晓丹，2012)。无论税收竞争还是支出竞争，都来源于政府间收支责任划分与府际晋升激励机制的紧密结合。本书假设税收竞争和支出竞争实质上是收入分权和支出分权在政府宏观调控中的行为表现，在省直管县改革中亦是如此。值得注意的是，该假设的前提是，在省直管县改革中，虽然政府间收支责任进一步调整和划分，其激励机制并未改变。因为在收入上向县级扩权既可以提高县级政府税收分成比例，也可以通过省级政府转移支付增加县级政府财力，进而通过地方税收竞争强化提升企业利润，促进县域经济增长（王小龙和方金金，2015）。在"扩权强县"与"财政直管"相结合的改革中，事权下放也伴随支出责任的进一步扩大，在众所周知的"自上而下的标尺竞争"中，县级地方政府仍然倾向于加大有利于经济绩效的基本建设等生产性公共物品投入。因此，基于经济增长中“做对激励”的重要性为制度背景，本研究提出以下假设：

假设 1（H1）：省直管县改革与县域经济绩效提升正相关。

综上，在省直管县改革影响县域经济绩效的过程中，财政收支分权的深化，以及与之伴随的县一级分权的措施对改革效果产生重要影响，因此本研究提出以下假设：

假设 2（H2）：省内财政收入分权和支出分权在省直管县改革中有提升县域经济绩效的调节性作用。

5.1.2 省直管县改革在不同地区和不同财政能力县域的适用性

虽然大部分研究肯定省直管县改革对提振县域可支配财力、改善地区产业结构的积极作用，但这种正向助推效果往往是建立在全国尺度研究之上，一旦开展跨地区研究，结果往往会呈现逆转效果。如毛捷（2012）等研究发现：省直管县改革在不同地区的经济绩效存在明显差异。因此，推行省直管县改革不宜采用“一盘棋”模式。更有王婧等（2016）人的研究指出：由于制度设计不完善等因素，山西省的省直管县试点改革对当地的试点县经济绩效并没有达到预期的提升效果。原因在于省直管县体制改革具有较强的职能扭曲效应，导致实践中县级政府出现以经济增长为导向的支出行为偏差，从而降低了资源配置效率、削弱了省以下的协调机制，制约了长期经济增长（贾俊雪，2015）。

既然我国县域经济发展地区不平衡明显，基于全国“一刀切”的省以下财政体制改革不具备现实的推行条件，那么就应当坚持实施“因地制宜，分类推进”的策略进行省直管县体制改革。在该领域的研究并不多见，仅有部分学者尝试性地进行了探索，得出了一些有启发性的结论。如罗植等（2013）通过浙江、福建两省数据构造拟自然实验的证据表明，省直管县体制对县域经济具有显著、持续的积极影响。高传勇（2013）在研究大省财政省直管县的问题时指出，较发达的试点县从改革中受益较大，反之，经济基础薄弱的落后试点县则在改革后仍然面临着经济增长乏力的困境。冯俏彬（2016）指出应将省直管县的政策目标重新锚定在城市化进程中处于相对弱势、劣势的农业县、贫困县、边远县等。才国伟和黄良雄（2010）借助实证研究得出结论：较为落后的县实行省直管县改革，较多的为了改善财政支出困难的问题；较为发达的县实行省直管县改革，更多地为了创新行政管理体制，维持经济快速增长。陈国权等（2012）基于对全国地级市市县发展区域性差异的分析，发现我国长期实行的以“促进市县经济共同发展”的市管县体制在不同地区乃至不同类型的地级市的实践效果有极大不同，并提出现行改革对于不同现状进行的府际关系改革可以从建立市县分工合理、互惠共生的区域治理体系的总体目标出发，根据区域差异性，实行分类改革。

综上所述，学术界当前对于省直管县体制改革对不同类型县域影响的研究基本上停留于定性研究层面，通过理性判断而提倡“因地制宜、分类推进”等政策建议，尚缺乏分类评估省直管县改革的多维效应的定量研究，特别是从划分县域类别入手，就省直管县改革对不同类型县域影响效应的实证性分析尚不多见。当前，县域经济充当“三化”互动连接点和供给侧结构性改革的主要发力点，以省直管县改革为突破口，健全并做强县级政府功能，必将对省以下财政体制重构及我国“十三五”时期财税体制变革和供给侧结构性改革的成效产生深远的影响，更需要通过实证研究与定量分析的结合，为我国做实县级政府这一国家行政基础提供理论支撑。基于此，本研究提出假设：

假设 3（H3）：省直管县改革对不同类别县的县域经济绩效影响受县级财政能力以及地理特征的制约。

5.2 基于四川省省直管县改革的情况概述

5.2.1 四川省省直管县改革实践

四川省省直管县改革同时进行了“扩权强县”和“财政直管”，在改革内容和推行模式上十分具有典型性。同时，四川也是接受转移支付资金的大省，其县级财政自给率也明显低于全国平均水平。因此，研究四川省改革对转移支付资金渠道疏通的作用十分具有代表性。

四川省是我国西南地区的资源大省、人口大省、经济大省。四川省县域经济发展一直都处于相对滞后的状态，县级财政困难情况突出。为应对县级财力不足和县域经济增长滞后等问题，四川省在 2007—2014 年开始进行了三轮以“县财省管”和“权限下放”为主的省直管县改革，纳入试点县共 78 个。截至 2017 年 3 月，除去在 2016 年、2017 年退出改革的简阳市、南溪区、彭山区，四川省改革试点县共 75 个，基本达到了全省范围的覆盖，具体情况见表 5.1①。

表 5.1　四川省省直管县改革情况

试点县批次	第一批试点县（27 个）	第二批试点县（32 个）	第三批试点县（19 个）
政策文本	2007 年 7 月，中共四川省委、省政府印发《四川省人民政府关于开展扩权强县试点工作的实施意见》（川府发〔2007〕58 号）	2009 年 5 月，中共四川省委、省政府印发《四川省人民政府关于深化和扩大扩权强县试点工作的通知》（川府发〔2009〕12 号）	2014 年 7 月，中共四川省委、省政府印发《四川省人民政府关于进一步深化和扩大扩权强县试点改革的通知》（川府发〔2014〕43 号）
平原县	什邡市、绵竹市、广汉市、江油市、夹江县	安县、彭山区	
丘陵县	富顺县、泸县、中江县、三台县、射洪县、威远县、资中县、南部县、仪陇县、阆中市、宜宾县、岳池县、华蓥市、大竹县、宣汉县、渠县、简阳市、安岳县、仁寿县、平昌县	荣县、罗江县、盐亭县、梓潼县、蓬溪县、大英县、隆昌市、犍为县、井研县、西充县、蓬安县、营山县、南溪区、江安县、长宁县、高县、邻水县、武胜县、开江县、乐至县	丹棱县、青神县
山区县	盐边县、峨眉山市	合江县、叙永县、古蔺县、苍溪县、剑阁县、旺苍县、兴文县、万源市、南江县、通江县	米易县、平武县、青川县、沐川县、筠连县、珙县、屏山县、荥经县、汉源县、石棉县、天全县、芦山县、宝兴县、洪雅县
少数民族县			北川县、峨边县、马边县

注：①根据《中华人民共和国民族区域自治法》有关规定，四川省将除阿坝、甘孜、凉山民族自治州和成都市所辖县（市）外的其余县（市）全部纳入扩权强县试点改革范围。

四川省直管县改革的具体内容主要包括两项：经济管理权限的下放，包括赋予扩权试点县部分市级经济管理权限，即计划直接上报、财政审计直接管理、税收管理权部分调整、项目直接申报、用地直接报批、资质直接认证、部分价格管理权限下放、统计直接监测发布 8 个方面共 56 项权限；财政体制改革上，主要涉及扩权试点县（市）的体制上解（补助）、税收分成及返还、转移支付、专项拨款补助、企事业单位的下划、财政结算等事

① 据《四川省人民政府关于进一步深化和扩大扩权强县试点改革的通知》规定，试点改革建立撤县设区试点县退出机制：按照公平和规范运行的要求，扩权试点县（市）中已撤县设区的，按程序退出试点改革范围，恢复市级管理。为有利于行政和经济管理体制调整衔接，在市、区协商一致的基础上，可设立 2 年左右的过渡期。2016 年 6 月 29 日，经四川省政府同意，省发改委、财政厅印发《四川省发展和改革委员会四川省财政厅关于简阳市、南溪区、彭山区退出扩权强县试点改革的通知》（川发改体改综合〔2016〕295 号），明确简阳市、南溪区、彭山区退出扩权强县试点改革，简阳市从 2016 年 7 月 1 日起执行，南溪区、彭山区从 2017 年 1 月 1 日起执行。

项，由省财政对扩权试点县（市）办理，资金由省结算到扩权试点县（市），在财政支出责任上，扩权试点县取得相应的管理权限后，承担与管理权限相应的责任。

据《2016年四川省国民经济和社会发展统计公报》，四川省扩权试点县（市）全年实现地区生产总值（GDP）11 969.9亿元，比上年增长8.3%，增速比全省平均水平高0.6个百分点。其中，第一产业增加值2 254.6亿元，增长3.8%；第二产业增加值6 213.0亿元，增长9.4%；第三产业增加值3 502.3亿元，增长9.1%。三次产业结构由上年的19.6∶51.4∶29.0调整为18.8∶51.9∶29.3。民营经济增加值7 282.2亿元，增长8.6%，占GDP的比重从上年的60.7%上升到60.8%，提高0.1个百分点。

5.2.2　研究假设对于四川省改革情况的适用性

首先，基于已有文献和前文的理论性分析，研究初步判定省直管县体制改革在现阶段主要通过两个方面来实现促进县域经济发展：其一，下放经济管理权限、社会管理权限等为主的省直管县改革；其二，以实现省级和试点县一级财政转移支付、收支结算等方面对接的财政省直管县改革。虽然已有研究认为“扩权强县”改革和财政省直管县改革对于经济增长和财政支出增加的作用各有侧重，且四川省的省内财政体制改革虽然在前几次文件中被称为“扩权强县”改革，但是实质上却是经济管理权限下放和财政体制改革同时进行的，即“扩权强县”+“财政省直管县”改革在试点县同步进行。因此，在研究中无法完全分离两项改革，只能从收、支分权两条脉络的影响来反向推断。实际上，管理权限的扩大化也意味着支出责任的扩大化，即“在财政支出责任上，扩权试点县取得相应的管理权限后，承担与管理权限相应的责任”，因此“支出分权”的表现也刻画了“扩权强县”的部分效果。

其次，由于四川省直管县改革从“财政收支管理”和“经济事务管理”两个方面都极大增强了县级决策单位的自主权限，并在一定程度上实现了省内的分税制模式，是刻画县级严格外生的“强化分权”的有效指标，因此本研究也将其看作是一次省内分权深化改革的“准自然实验”来予以探讨。

5.3 基于四川省县级面板数据的实证分析：研究设计

首先，针对整个四川省县域范围内，省直管县改革是否对提升县域经济绩效具有积极作用进行考察，并同时检验在改革调节作用下，收入分权和支出分权的进一步深化是否可以引导省直管县改革发挥促进县域经济增长和产业结构改善的作用。其次，基于四川省县域涵盖范围广、辐射面积大、县域之间发展不均的现状，将四川省各县按地理特征和财政能力进行划分，对四川省省直管县改革在不同类型县域经济绩效进行了分析，以期从中发现省直管县改革绩效所受制约的原因，以便为进一步完善省直管县改革提供决策依据。

5.3.1 样本说明

四川省拥有 43 个市辖区、14 个县级市、120 个县及 4 个自治县，共计 181 个县级行政单位，以下统称为县①。首先，由于考虑到民族地区相对较低的县域经济社会发展程度，所以研究在进行样本选取时没有将 51 个少数民族县纳入样本。其次，考虑到 2008 年汶川地震可能使县级财政支出在一些受灾较为严重的地区受影响较大，研究同时剔除了极重灾区的县共 10 个②。另外，考虑到四川地区县级城镇化水平，农业人口不足 30%的 8 个县区未纳入样本进行分析。

综上所述，本研究包含 2006—2014 年四川省 112 个样本县的相关经济社会统计数据，其中试点县 56 个，非试点县（区）56 个③。研究相关数据主要根据四川省财政厅提供的《四川区、县、市财政数据》整理得来，其余社会经济数据通过《中国财政年鉴》《地方财政统计资料》及《中国县域统计年鉴》补充得来。

---

① 由于样本区间内四川省县级行政区划略有变动，研究以 2010 年行政区划为准。

② 四川省 10 个极重灾县（市）包括汶川县、北川县、绵竹市、什邡市、青川县、茂县、安县、都江堰市、平武县、彭州市。

③ 由于数据的可得性和可选取样本的有限性，所选非试点县包括部分同属县级行政区划的市辖区，纳入对照组作为观察试点县受改革影响的对照。处理组样本均来自县、县级市，观测结果不受影响。

5.3.2 变量设定

5.3.2.1 被解释变量的设定

在本文的因变量选择中，基于前文对经济“新常态”下县域经济绩效的界定，以及“新常态”下中国城镇化进程的进一步深化，本章以县域经济增长水平和县域产业结构调整两个维度测评县域经济绩效。首先，经济增长水平以实际人均GDP来表示。另外，由于考虑到四川省县域涵盖广袤的农村，第一产业占比较重，产业的城市化程度较低，可以利用四川省县域产业的城镇化进程来考察其产业结构的改善。因此，本研究基于同时考察县域城镇化进程的角度，借鉴已有学者提出的产业城镇化概念和产业结构指标（刘佳等，2012；刘晓茜和段龙龙，2017），特别是张宇等（2017）提出的产业城镇化作为城镇化的发展动力，是指二、三产业在城镇经济结构中逐渐成为主导产业的过程，二、三产业在城镇经济中的比重不断提高，引发城乡居民收入和生活水平差距的不断拉大，导致区域内劳动力在城镇间分布的不均衡，为农村人口向城镇的转移提供了可能。其次采用第二产业和第三产业占县域总产值比重来度量县域产业结构的改善。

5.3.2.2 核心自变量的设定

由于研究在全样本分析中同时使用了固定效应模型和倍差法，对于省直管县虚拟变量的测量有所不同。第一类虚拟变量是改革政策哑变量（D_1），用来区分哪些年份实施了改革。D_1 取值为1代表改革推行后，取值为0代表改革实行前。第二类虚拟变量是处理组哑变量 D_2，用来区分哪些县在观测期内受到省直管县政策影响。取值为1代表观测期内参与了改革地区，取值为0代表未参与改革地区。在固定效应模型中，省直管县虚拟变量标记为 D_1。在倍差模型中，省直管县变量代表是否纳入试点与处理组的交叉项，变量标记为EFFECT，即 D_1 与 D_2 的交乘项。

5.3.2.3 调节变量的设定

根据前文分析，财政收入分权与支出分权是基于分权视角，测量县级财政和行政体制调整如何影响县域经济和民生改善的具体调节性指标。

在对省内分权指标的选择上，分别利用人均县级财政收入（支出）在人均中央财政收入（支出）、人均省本级财政收入（支出）和人均县级财政收入（支出）三项之和的占比来表示①。

5.3.2.4 其他控制变量设定

根据先验研究，选择了固定资产投资、人力资本水平、地区人口密度、基础设施承载力、就业非农化水平 5 个指标作为控制变量纳入总体回归方程，选择这些变量，是因为其与地区经济增长和产业结构调整存在显著因果关系。首先，选择固定资产投资和人力资本水平在于这两大指标可以直接和间接体现县域经济增长的来源。其中，固定资产投资和基础设施投入都是影响地区经济增长的重要因素，也是研究财政分权与地区经济增长关系的常用指标（郑新业等，2011；郑浩生等，2014）。由于县级数据的可得性，此处以基础设施承载力来表示。而人力资本水平的提升则对经济增长的效率有正面作用（Nelson，Richardand Edmund，1966），用地区人口受教育程度表示（Barro and Lee，1996）。由于地区经济增长同时受到资源禀赋差异的影响（林毅夫和刘志强，2000；郑浩生，2014），且考虑四川省县域之间资源要素禀赋差异较大的省情，本研究也控制了就业非农化水平和地区人口密度对经济增长的影响。所有变量的计算口径和符号设定如表 5.2 所示。

表 5.2 本研究变量及其含义

变量	对应含义	计算方法	变量类型
Y1（PGDP）	实际人均 GDP	当年县 GDP 总量和人口总量的比值	因变量
Y2（IS）	产业结构	县域二、三产业总产值/县域总产值	
D1	改革政策哑变量	1 为纳入试点后，0 为纳入试点前	核心自变量
D2	处理新哑变量	1 为纳入试点地区，0 为未纳入试点地区	
EFFECT	政策虚拟变量	D1 * D2	
FDS	财政（收入）分权	人均县级财政收入/人均中央财政收入+人均省份本级财政收入+人均地市本级财政收入+人均县级财政收入	调节变量
FDZ	财政（支出）分权	人均县级财政支出/人均中央财政支出+人均省份本级财政支出+人均地市本级财政支出+人均县级财政支出	
INVEST	固定资产投资率	固定资产投资/地区生产总值	控制变量
POP	人口密度	总人口/行政区面积	
HR	人力资本水平（人/万人）	每万人中中学在校学生数	
NA	就业非农化水平	县域二、三产业就业人数/就业总人数	
T	基础设施承载力（千米）	县域等级千米总里程	

① 由于在改革期间存在省管县和市管县两类体制并行，因此在计算财政收支分权水平时，将人均地市本级财政收支均赋值为 0。

5.3.3 模型设定

5.3.3.1 基于双重差分法的改革政策评价

双重差分法又称为倍差分、差分内差分法（Difference-in-Difference）。该方法是基于自然实验得到的数据，通过模型的建立来比较实验组与控制组在某个时间点前后的平均产出差异，以此评估政策的实施效果（刘生龙等，2009）。双重差分法在近年多用于政策或项目实施效果的定量评估，也有学者逐渐将其运用于省直管县财政体制改革的效果评价（郑新业等，2011；毛捷和赵静，2012；罗植等，2013）。

具体而言，在理想化的随机实验中，我们可以将某一处理随机分配（random assignment）给某些单位而构成所谓的处理组（或称实验组），为了估计处理效应，可以直接比较被处理单位在处理前后的平均变化。但是，现实中的实验或者准实验，我们很难控制所有的条件保持不变；即使我们不对处理组进行任何处理，处理组在不同时期（指处理前后）也可能均有变化。因此，真正的处理效应估计应该是“处理组在处理前后的平均变化”减去“处理组在没有被处理时自身的平均变化”。

如表 5.3 所示，处理效应等于：

$$\beta = E(y_{iA}^1 - y_{iB}^1 \mid D_i = 1) - E(y_{iA}^0 - y_{iB}^0 \mid D_i = 1) \tag{5-1}$$

表 5.3 普通处理效应的估计

	处理组被实际处理	处理组未被处理
处理前	$E(y_{iB}^1 \mid D_i = 1)$	$E(y_{iB}^0 \mid D_i = 1)$
处理后	$E(y_{iA}^1 \mid D_i = 1)$	$E(y_{iA}^0 \mid D_i = 1)$

上式中，$D=1$ 代表处理组，B 表示处理之前，A 表示处理之后，1 表示实际上进行了处理，0 表示没有进行处理。可以看到，处理效应是一种反事实效应（counterfactual effect）。因为需要考察处理组不被处理的情形：其一，对于处理前而言，$y_{iB}^0 = y_{iB}^1$；其二，对于处理后而言，我们只能观察到 y_{1A}^1，而 y_{1A}^0 是不可观测的。

为了克服上述不可观测的问题，我们可以引入对照组（或称为控制组），此时基于处理组和对照组，可以方便地定义和计算处理效应，如表 5.4所示，即：

$$\beta = E(y_{iA}^1 - y_{iB}^1 \mid D_i = 1) - E(y_{iA}^0 - y_{iB}^0 \mid D_i = 0) \tag{5-2}$$

表 5.4 引入对照组后处理效应的估计

	处理组被实际处理	处理组未被处理
处理前	$E(y_{iB}^1 \mid D_i = 1)$	$E(y_{iB}^0 \mid D_i = 0)$
处理后	$E(y_{iA}^1 \mid D_i = 1)$	$E(y_{iA}^0 \mid D_i = 0)$

上述转换有一个关键假定，即没有处理时，处理组和对照组在“处理前”和“处理后”具有相同的平均变化：

$$E(y_{iA}^0 - y_{iB}^0 \mid D_i = 1) = E(y_{iA}^0 - y_{iB}^0 \mid D_i = 0) \tag{5-3}$$

那么，用实验期间处理组样本中 Y 的平均变化，减去同一时期对照组样本 Y 的平均变化，在处理被随机分配的情况下，则可以得到处理效应的无偏且一致估计值 $\hat{\beta}^{DID}$ ①，即：

$$\begin{aligned}\hat{\beta}^{DID} &= (\bar{Y}^{treatment,\ after} - \bar{Y}^{treatment,\ before}) - (\bar{Y}^{control,\ after} - \bar{Y}^{control,\ before}) \\ &= \Delta\bar{Y}^{treatment} - \Delta\bar{Y}^{control}\end{aligned} \tag{5-4}$$

值得注意的是，上述处理效应的估计值也可以通过以下模型得到：

$$y_{it} = \beta_0 + \beta_1 d_{it} + \beta_2 T_{it} + \beta^{DID} d_{it} T_{it} + \mu_{it} \tag{5-5}$$

上式中，y_{it} 代表个体 i 在 t 时刻的结果值，d_{it} 为组别虚拟变量，$d_{it} = 1$ 表示个体 i 属于处理组，$d_{it} = 0$ 表示个体 i 属于对照组，$T_{it} = 1$ 表示实验期间，$T_{it} = 0$ 表示非实验期间，$d_{it}T_{it}$ 表示交互作用，相应的结果值为：

$$对照组\ (d_{it} = 0): y_{it} = \begin{cases}\beta_0 + \mu_{it},\ T_{it} = 0 \\ \beta_0 + \beta_2 + \mu_{it},\ T_{it} = 1\end{cases}$$

$$处理组\ (d_{it} = 1): y_{it} = \begin{cases}\beta_0 + \beta_1 + \mu_{it},\ T_{it} = 0 \\ \beta_0 + \beta_1 + \beta_2 + \beta^{DID} + \mu_{it},\ T_{it} = 1\end{cases}$$

5.3.3.2 模型的设计

针对四川省改革对县域经济绩效的影响，本研究在先验研究选择政策虚拟变量和财政收支分权作为核心解释变量的基础上（郑新业等，2011；罗植等，2013；贾俊雪等，2013），进一步引入了政策虚拟变量和财政收支分权两者的交乘项。在政策虚拟变量与财政收支分权的交互项中，本研究

① Stock J H, Watson M W. Introduction to Econometrics, Update, Third Edition [J]. Qfd Latin American Society, 2014.

将财政收入分权与财政支出分权视为影响改革作用效果的调节变量，以考察省直管县改革是否通过省、市、县之间的进一步分权影响县域经济增长和产业结构调整（见图 5. 1）。

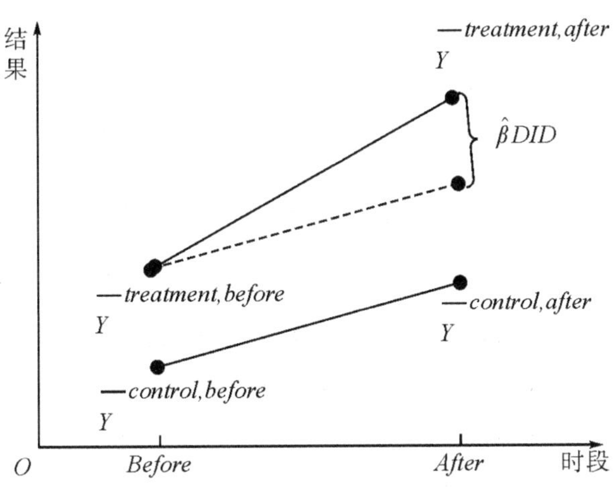

图 5. 1　双重差分示意图

针对全样本数据的回归模型估计，并结合样本数据既包含截面又包含时间的特点，首先选择了面板回归估计方法作为研究的主要方法。同时，考虑到结果的稳健性，本研究进一步利用适用于政策效应评估的双重差分（Difference in Difference）模型对全样本数据进行了相应的估计。此外，基于已有学者根据省直管县改革在全国分层次逐步推进的特征，而对传统的双重差分模型所做的“自然实验”变换方式（Hoynes et al., 2011；才国伟和张学志，2011；毛捷和赵静，2012；王婧等，2016），本研究中不对全样本实施统一的实验组别虚拟变量和实验时点虚拟变量的设置，而仅将两者的交互项纳入研究模型以考察政策效应的正负。

省直管县改革对四川县域地区经济绩效影响的面板回归模型和倍差分模型如下：

$$y_{it} = \beta_0 + \gamma_0 D1_{it} + \beta_1 FDS_{it} + \beta_2 FDZ_{it} + \gamma_1 D1_{it} \times FDS_{it} + \gamma_2 D1_{it} \times FDZ_{it} + \sum_{i=1}^{n} \lambda_i Control_{it} + \eta_i + \mu_t + \varepsilon_{it} \qquad (5-6)$$

$$y_{it} = \beta_0 + \gamma_0 EFFECT_{it} + \beta_1 FDS_{it} + \beta_2 FDZ_{it} + \gamma_1 EFFECT_{it} \times FDS_{it} + \gamma_2 EFFECT_{it} \times FDZ_{it} + \sum_{i=1}^{n} \lambda_i Control_{it} + \eta_i + \mu_t + \varepsilon_{it} \tag{5-7}$$

公式 5-7 也可表示为：

$$y_{it} = \beta_0 + \gamma_0 EFFECT_{it} + \beta_1 FDS_{it} + \beta_2 FDZ_{it} + EFFECT_{it} \times (\gamma_1 FDS_{it} + \gamma_2 FDZ_{it}) + \sum_{i=1}^{n} \lambda_i Control_{it} + \eta_i + \mu_t + \varepsilon_{it} \tag{5-8}$$

首先，*EFFECT* 为政策哑变量（*D*1）与处理组哑变量（*D*2）的交叉项，代表省直管县改革实施前后县域经济绩效的相对变化。在 DID 模型中 *EFFECT* 变量的系数 γ_0 直接反映了政策的有效性与否，统计意义上显著的 γ_0 估计值代表了政策的有效性，正的 γ_0 估计值代表了政策正向效果，负的 γ_0 估计值代表了政策的负向效果。

其次，为考察改革中财政收支分权的调节作用，本研究引入代表政策虚拟变量和财政收入分权的交乘项 $EFFECT_{it} \times FDS_{it}$，以及代表政策虚拟变量和财政支出分权的交乘项 $EFFECT_{it} \times FDZ_{it}$，其中 FDS_{it} 和 FDZ_{it} 为“省—市—县”分权对省直管县改革影响县域经济绩效的调节变量，从式 5-8 可见，政策虚拟变量 $EFFECT_{it}$ 对改革效果 y_{it} 的影响受到财政收支分权的作用，因此分权作用的调节效应是否显著则取决于交互项 $EFFECT_{it} \times FDS_{it}$ 和 $EFFECT_{it} \times FDZ_{it}$ 系数是否显著。

调节效应意味着两变量的因果关系随调节变量的取值不同而产生变化，如变量 *Y* 与变量 *X* 的关系受到第三个变量 *M* 的影响，则可称 *M* 为调节变量（moderator）。因此，财政分权的基本调节效应如图 5.2 所示。

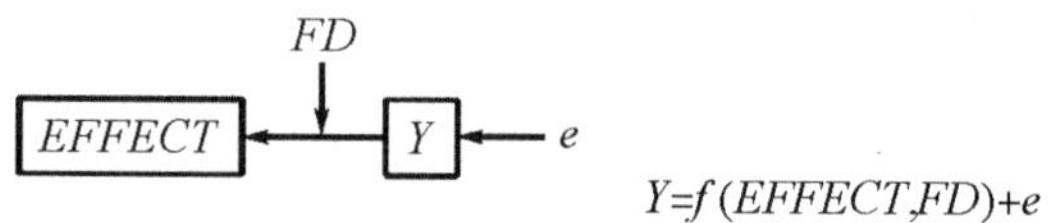

图 5.2　财政分权调节变量示意

另外，式 5-8 中，$Control_{it}$ 为控制变量集；μ_t 代表个体固定效应；η_i 代表时间固定效应；ε_{it} 为随机误差项。

5.3.4 样本的描述统计分析

首先，为对本研究选取的样本有着更加全面的了解，进行了全样本的描述统计分析（具体见表5.5）。表5.6和表5.7给出了是否纳入试点以及纳入试点前后样本的描述统计结果。

其次，由于样本所包含的地区具备不同的属性特征，考虑到不同的子样本在统计特征上可能有着不同的表现，因此在给出全样本数据的描述统计结果后，更进一步结合样本所属的地形类别、经济发展水平以及财政自给能力等特征进行更加细致的描述统计：

（1）考虑到四川省112个县级行政区划分布于山区、丘陵、平原地区的属性特征，表5.8则给出了不同地形样本县的详细描述统计结果。

（2）考虑到四川省不同县在县级财政能力上存在一定差异，因此根据县级财政自给率的中位数水平将样本进行了2段划分。其中财政自给率数值大于（包括等于）对应中位数的样本，判定为这一部分样本县级财政自给能力相对较强，而财政自给率数值小于中位数的样本，判定为这一部分样本县级财政自给能力相对较弱，并给出了具体的描述统计，可见表5.9。

5.3.4.1 全样本的描述统计

从表5.5的全样本描述统计中可以发现：县域第二、第三产业产值占县域总产值的均值为0.7842，产业化非农化程度较高。样本县人均GDP的平均水平为21 294.93元，2006年到2014年全国人均GDP的均值为31 432元，四川省县级人均GDP水平低于全国平均水平。样本县的县级财政自给率均值仅为0.2565，说明四川省县级财政困难情况比较突出。

除此之外，研究中的其他控制变量，固定资产投资率平均水平为0.728、平均人口密度为565、平均人力资本水平为526.6、平均就业非农化水平为0.557、平均基础设施承载力为1 153千米。

从样本变异系数的角度来看，产业结构的变异系数最小（0.138），经济发展水平的变异系数（0.664）是产业结构的4.81倍，表明四川省内县域经济发展水平的内部差异程度要远高于其产业结构的内部差异程度。由此也反映出在考察四川县域经济发展的同时，考察其产业结构进程的重要性和必要性。

表 5.5　全样本描述统计（N=112）

Variable	N	Mean	SD	CV	P1	P25	P50	P75	P99
y1	1008	21295	14143	0.664	4645	7465	11261	17541	27464
y2	1008	0.784	0.108	0.138	0.523	0.636	0.709	0.788	0.867
FDS	1008	0.253	0.183	0.726	0.031	0.072	0.116	0.207	0.327
FDZ	1008	0.004	0.002	0.513	0.001	0.002	0.003	0.004	0.005
INVEST	1008	0.728	0.358	0.492	0.225	0.352	0.487	0.67	0.887
POP	1008	565	321.5	0.569	44.44	152.4	337.2	548.5	731.1
HR	1008	526.6	129.7	0.246	292.3	373.2	441.6	513.1	601.5
NA	1008	0.557	0.126	0.225	0.266	0.402	0.474	0.553	0.633
T	1008	1153	802.2	0.696	131	366	567.5	951.5	1527

注：①Mean 和 P50 均是样本平均水平的反映，两者越接近说明样本偏移性越小；②CV 代表变异系数，具体为样本均值与标准差的比值，CV 越大变量内部差异越大；③P1、P25、P50、P75、P99 分别代表样本 1%、25%、50%、75%以及 99%分位数。

5.3.4.2　子样本的描述统计

（1）表 5.6 对改革试点前后的样本（本研究中标记为 *D*1）进行了描述统计，结果显示：纳入改革试点后的县平均经济水平为 18 565 元，而未纳入的为 8 601 元，前者高出后者 9 964 元（高出 116%）。样本中县域产业结构在纳入试点前后也有着一定数值上的差异，纳入试点前均值为 0.666，而纳入试点后平均水平上升到 0.755。纳入改革试点也使县域的经济水平和产业结构内部差异有了一定程度的减小，降幅分别为 3.38%、20%。

进一步看，财政收入分权、基础设施承载力以及固定资产投资率等变量在纳入试点后，平均水平有着明显的提升，上升幅度均大于 30%，其中财政收入分权由 0.173 上升到 0.252（增幅 45.66%），基础设施承载力由 632.3 上升到 1636（增幅 158.74%），固定资产投资率由 0.441 上升到 0.728（增幅 65.08%）。而财政支出分权、人口密度以及就业非农化水平等因素的均值增幅分别小于 30%。可见，四川省直管县改革对其县级财政收入分权和县级财政支出分权都起到了进一步深化的作用，而前者加深程度高于后者。

表 5.6　纳入改革试点前后样本的描述统计

Variable	N	Mean	SD	CV	P1	P25	P50	P75	P99
	纳入改革试点前								
y1	118	8601	4066	0.473	4038	5052	6247	7485	9618

表5.6(续)

Variable	N	Mean	SD	CV	P1	P25	P50	P75	P99
y2	118	0.666	0.086	0.130	0.479	0.560	0.602	0.669	0.701
FDS	118	0.173	0.137	0.788	0.039	0.063	0.089	0.135	0.194
FDZ	118	0.004	0.002	0.374	0.002	0.002	0.003	0.004	0.005
INVEST	118	0.441	0.161	0.366	0.193	0.25	0.321	0.423	0.536
POP	118	484.2	212.4	0.439	141.2	194.8	329.2	504.6	608.1
HR	118	569.1	86.22	0.151	382	456	492.6	566.1	642.9
NA	118	0.453	0.091	0.200	0.241	0.338	0.39	0.46	0.523
T	118	632.3	445.5	0.705	179	295	410	551	745
	纳入改革试点后								
y1	386	18565	8485	0.457	6319	9113	11884	16909	23270
y2	386	0.755	0.079	0.104	0.572	0.651	0.698	0.758	0.806
FDS	386	0.252	0.142	0.565	0.055	0.096	0.142	0.223	0.321
FDZ	386	0.005	0.002	0.434	0.002	0.003	0.003	0.004	0.006
INVEST	386	0.728	0.306	0.420	0.236	0.401	0.505	0.692	0.882
POP	386	511.3	214.5	0.420	63.63	215	347.1	535.5	634.5
HR	386	508.3	102.2	0.201	318	377.2	432.6	504.4	578.9
NA	386	0.532	0.097	0.182	0.207	0.408	0.475	0.54	0.6
T	386	1636	858.2	0.525	381	726	1012	1436	2083

注：①Mean 和 P50 均是样本平均水平的反映，两者越接近说明样本偏移性越小；②CV 代表变异系数，具体为样本均值与标准差的比值，CV 越大变量内部差异越大；③P1、P25、P50、P75、P99 分别代表样本 1%、25%、50%、75%以及 99%分位数。

（2）表 5.7 更进一步对改革与否两类子样本（研究中标记为 *D*2）的描述统计显示：纳入改革试点县的平均经济水平和产业结构变异系数（0.540、0.121）要小于未纳入改革县（0.626、0.123），说明改革在一定程度上缩小了试点县之间的经济与产业发展差异，起到了一定程度的改善作用。需要注意的是，表 5.7 显示仅财政支出分权因素和基础设施承载力因素在纳入改革的样本中平均水平有着一定水平的上升，两者的增幅分别为 25%和 54.76%。需要说明的是，纳入改革试点地区经济发展水平和产业结构在总体上都没有优于未纳入改革试点地区，其主要原因在于未纳入试点样本包含部分同属县级行政单位的市辖区，其经济发展程度和产业城镇化程度明显高于其他县和县级市。

值得注意的是，表 5.7 中纳入试点改革前后的变量是依据标记为 *D*2 的政策虚拟变量所进行的分类，而研究最终的改革效果是由 EFFECT，即 *D*1

和 *D*2 的交乘项来表示（参见表 5.2）纯粹的政策效应，即由 D1 * D2 表示省直管县改革实施前后县域经济绩效的相对变化（参见 5.3.3）。因此，在改革选取的 118 个样本中，纳入改革试点地区经济发展水平和产业结构在整个样本期内都没有优于未纳入改革试点地区，并不能代表最终考察的改革效果。

表 5.7　纳入改革试点与未纳入改革试点样本的描述统计

Variable	N	Mean	SD	CV	P1	P25	P50	P75	P99
	纳入改革试点样本								
y1	504	16232	8763	0.54	4532	6859	9253	14535	21523
y2	504	0.734	0.089	0.121	0.546	0.616	0.677	0.733	0.793
FDS	504	0.233	0.145	0.62	0.045	0.085	0.125	0.201	0.301
FDZ	504	0.005	0.002	0.429	0.002	0.002	0.003	0.004	0.006
INVEST	504	0.661	0.304	0.46	0.204	0.328	0.446	0.605	0.823
POP	504	504.9	214.1	0.424	63.93	213.5	343.5	532	618.9
HR	504	522.6	102	0.195	319.4	388.9	451.5	514.1	593.6
NA	504	0.514	0.101	0.197	0.241	0.38	0.447	0.519	0.584
T	504	1401	889.3	0.635	252	425	725.5	1215	1888
	未纳入改革试点样本								
y1	504	26358	16501	0.626	5272	9540	14259	22623	34206
y2	504	0.834	0.102	0.123	0.495	0.707	0.777	0.851	0.919
FDS	504	0.272	0.214	0.786	0.027	0.058	0.105	0.214	0.37
FDZ	504	0.004	0.002	0.583	0.001	0.002	0.002	0.003	0.004
INVEST	504	0.795	0.395	0.497	0.233	0.392	0.542	0.743	0.945
POP	504	625	392.2	0.628	18.95	101.3	324.3	613.8	934.1
HR	504	530.6	152.5	0.287	270.5	360	428.7	510.7	609.5
NA	504	0.601	0.133	0.221	0.331	0.417	0.508	0.603	0.692
T	504	905.3	611.9	0.676	116	283	483	745.5	1157

注：①Mean 和 P50 均是样本平均水平的反映，两者越接近说明样本偏移性越小；②CV 代表变异系数，具体为样本均值与标准差的比值，CV 越大变量内部差异越大；③P1、P25、P50、P75、P99 分别代表样本 1%、25%、50%、75%以及 99%分位数。

（3）表 5.8 给出了不同地形特征的样本描述统计结果：平原地区在经济发展水平、产业结构因素上的平均水平数值最大，分别为 32 873 元、0.878，其次为山区区县，分别为 20 395 元和 0.785，最后为丘陵地区，分别为 18 941 元和 0.762；综合经济发展水平和产业结构来看，三地区平均水平由高到低的排列依次为平原县、山区县、丘陵县；而在财政分权因素上，县级收入分权程度由高到低的排列依次为平原县（0.442）、丘陵县（0.182）、山区县（0.182），财政支出分权因素表现出了与收入分权相同的区域分布特征。

表 5.8　根据地形特征划分的样本描述统计

Variable	N	Mean	SD	CV	P1	P25	P50	P75	P99
	丘陵地区样本								
y1	612	18941	11875	0.627	5088	7457	10588	16477	23948
y2	612	0.762	0.104	0.136	0.488	0.629	0.691	0.764	0.835
FDS	612	0.237	0.165	0.696	0.037	0.074	0.117	0.197	0.302
FDZ	612	0.004	0.002	0.458	0.001	0.002	0.003	0.004	0.005
INVEST	612	0.669	0.3	0.448	0.213	0.334	0.448	0.626	0.834
POP	612	649.7	233.9	0.36	264.9	393.2	493.5	602.7	757.6
HR	612	516.1	124.7	0.242	277.8	360	428.2	504.7	601.5
NA	612	0.554	0.114	0.206	0.26	0.419	0.478	0.554	0.626
T	612	1211	840	0.693	118	366	567.5	1025	1677
	山区样本								
y1	252	20395	14672	0.719	3861	6430	9902	16216	27513
y2	252	0.785	0.11	0.141	0.538	0.629	0.712	0.793	0.869
FDS	252	0.182	0.124	0.682	0.025	0.047	0.088	0.147	0.255
FDZ	252	0.003	0.002	0.493	0.001	0.001	0.002	0.003	0.004
INVEST	252	0.838	0.467	0.557	0.243	0.386	0.528	0.758	0.98
POP	252	196.4	106.8	0.544	18.63	61.79	104.5	183.9	312.8
HR	252	537.2	95.41	0.178	338.7	416.5	469.6	533.7	608.7
NA	252	0.49	0.101	0.206	0.277	0.357	0.408	0.501	0.568
T	252	1081	839.6	0.776	160	317	516.5	752.5	1344
	平原地区样本								
y1	144	32873	16372	0.498	10463	14264	20038	29718	42703
y2	144	0.878	0.062	0.071	0.759	0.778	0.833	0.887	0.934
FDS	144	0.442	0.218	0.494	0.121	0.19	0.267	0.385	0.637
FDZ	144	0.005	0.003	0.539	0.002	0.003	0.004	0.005	0.006
INVEST	144	0.784	0.313	0.399	0.197	0.461	0.559	0.75	0.959
POP	144	850	349.5	0.411	322.8	390.4	543.2	844.1	1107
HR	144	552.7	186.2	0.337	318.6	377.2	444.1	525.7	596.3
NA	144	0.687	0.112	0.164	0.485	0.527	0.592	0.69	0.768
T	144	1031	490.6	0.476	197	407	714	950	1248

注：①Mean 和 P50 均是样本平均水平的反映，两者越接近说明样本偏移性越小；②CV 代表变异系数，具体为样本均值与标准差的比值，CV 越大变量内部差异越大；③P1、P25、P50、P75、P99 分别代表样本 1%、25%、50%、75%以及 99%分位数。

综上，在按地理特征进行分类的样本中，四川省平原县、山区县、丘陵县三类地区的经济发展水平、产业结构水平的高低与其财政收入分权程度、财政支出分权程度都保持了高度一致。说明四川省县级财政分权程度与地区经济绩效的关系受到其区县地理特征的制约。

（4）表 5.9 对财政自给能力分类的样本描述统计表明：相较于财政自给率高的地区，财政自给率较低的地区在平均人均 GDP 水平上要高出 18.06 个百分点，而产业结构因素在两子样本中平均水平基本一致，分别为 0.786（财政自给能力低）、0.782（财政自给能力高）。此外，财政收入分权因素在两子样本中的平均水平分别为 0.236（财政自给能力低）、0.269（财政自给能力高），财政支出分权在两子样本中的平均水平均维持在 0.004 左右，两者完全一致。

表 5.9　根据财政自给能力中位数划分样本的描述统计

Variable	N	Mean	SD	CV	P1	P25	P50	P75	P99
	财政自给能力小于中位数的样本								
y1	504	23059	13710	0.595	5779	9417	14474	20313	28199
y2	504	0.786	0.097	0.124	0.524	0.652	0.728	0.793	0.858
FDS	504	0.236	0.164	0.697	0.034	0.067	0.108	0.199	0.314
FDZ	504	0.004	0.002	0.554	0.001	0.002	0.002	0.003	0.005
INVEST	504	0.72	0.323	0.449	0.204	0.353	0.485	0.67	0.903
POP	504	538.2	284.8	0.529	43.32	184.2	363	509.3	685.3
HR	504	429.6	60.87	0.142	270.5	339.4	386.2	441.6	482.6
NA	504	0.562	0.112	0.199	0.318	0.419	0.489	0.564	0.63
T	504	1161	774.9	0.667	150	366	549.5	1038	1553
	财政自给能力大于中位数的样本								
y1	504	19531	14362	0.735	4393	6622	9329	14451	25243
y2	504	0.782	0.118	0.151	0.523	0.627	0.695	0.781	0.902
FDS	504	0.269	0.199	0.74	0.029	0.077	0.123	0.215	0.351
FDZ	504	0.004	0.002	0.467	0.001	0.002	0.003	0.004	0.005
INVEST	504	0.736	0.391	0.531	0.233	0.349	0.498	0.669	0.88
POP	504	591.7	352.6	0.596	61.02	134.4	314.6	577.2	808
HR	504	623.6	105.5	0.169	515.4	535.1	556.6	601.5	653.5
NA	504	0.553	0.138	0.25	0.263	0.382	0.459	0.537	0.637
T	504	1145	829.2	0.724	131	369	578.5	903	1426

注：①Mean 和 P50 均是样本平均水平的反映，两者越接近说明样本偏移性越小；②CV 代表变异系数，具体为样本均值与标准差的比值，CV 越大变量内部差异越大；③P1、P25、P50、P75、P99 分别代表样本 1%、25%、50%、75%以及 99%分位数。

综上，在按财政自给率特征分类的样本中，表现出样本县的财政自给率与经济发展水平、财政收入分权程度三者具有高度关联性的特征。

5.4 模型建立与实证分析

5.4.1 基于经济绩效的假设检验

在对四川省省直管县改革的政策效应评估上，结合前文描述统计分析中不同类别样本的属性特征，本研究进行了以下设计以考察具体的政策效应：

（1）为考察四川省省直管县改革对县域经济绩效的影响，利用全样本数据分别进行了4组不同估计方法下的模型构建，其中在固定效应模型和随机效应模型的选择比较上，我们根据 Hausman 检验结果确定何者更优。在随机效应和混合效应模型的选择比较上，则根据 BP-LM 检验结果进行判断。此外为了验证结果的稳健性，我们更进一步给出了政策效应评估的倍差分模型估计结果。需要注意的是，由于实际人均 GDP 与变量人力资本水平 HR 可能存在内生性问题，为了确保结果的可靠性，我们采用两者的滞后一到两阶作为工具变量以减轻可能存在的内生性问题，同时我们给出了工具变量是否有效的 sargan 检验结果。

（2）采用不同地形特征的样本，利用固定效应模型和倍差分模型分别考察改革对位于平原、丘陵以及山地等地形区县的经济绩效影响。需要注意的是，不论是固定效应模型还是倍差分模型，两者均控制了个体和时间效应，两者的差别在于省直管县改革变量的生成方式，具体参见上述模型设计。

（3）结合地区财政自给能力特征的差异，利用固定效应模型和倍差分模型分别考察改革对财政自给能力高于（包括等于）样本中位数和低于样本中位数的子样本的经济绩效影响。

（4）结合全样本回归结果和各子样本回归结果，对四川省省直管县改革是否有利于其县域经济绩效提升的问题做出具体判断和结论。

5.4.1.1 四川省省直管县改革对经济绩效影响的整体效果检验

在对四川省省直管县改革的政策效应估计前，结合样本数据的面板特征，采用了豪斯曼检验和 BP-LM 检验用以确定固定效应模型、混合效应模型以及随机效应模型何者更优的问题，在相对最优模型的基础上给出模型的经济含义解释。

更具体来看，研究通过豪斯曼检验判断采取固定效应模型或是随机效应模型，其原假设认为固定效应和随机效应的估计结果是与系统一致的，如果豪斯曼检验统计量在临界值范围内则接受原假设，应当采用随机效应模型拟合样本数据；反之，如果豪斯曼检验统计量大于临界值则拒绝原假设，应当采用固定效应模型进行估计（Hausman&Kuersteiner，2008）。在固定效应模型与随机效应模型的比较和选择问题上，我们采用 BP-LM 检验进行比较。BP-LM 检验的原假设可以理解为混合效应估计优于随机效应估计，因此拒绝原假设对应于采用随机效应估计量，反之接受原假设则应当采用混合效应估计量（Breusch& Pagan，1980）。

表 5.10　四川省省直管县改革对县域经济发展的影响分析

解释变量	固定效应	随机效应	倍差分	2SLS
省直管县改革	0.718***	0.517**	0.486***	0.485**
	(2.87)	(2.48)	(4.25)	(2.43)
财政收入分权	-0.011	0.011	-0.005	-0.013
	(-0.89)	(0.93)	(-0.65)	(-1.29)
财政收入分权×省直管县改革	-0.009	-0.028	-0.017	-0.006
	(-0.55)	(-1.43)	(-1.44)	(-0.40)
财政支出分权	-0.043	-0.093***	-0.042**	-0.036
	(-1.42)	(-3.35)	(-2.11)	(-1.55)
财政支出分权×省直管县改革	0.120**	0.097**	0.087***	0.084**
	(2.58)	(2.56)	(4.15)	(2.39)
基础设施承载力	0.031	-0.004	-0.001	0.023
	(1.11)	(-0.24)	(-0.09)	(1.39)
人力资本水平	-0.005	0.049	-0.006	0.026
	(-0.11)	(1.13)	(-0.24)	(0.33)
人口密度	-0.195**	0.063*	-0.240***	-0.200**
	(-2.15)	(1.87)	(-3.03)	(-2.49)

表5.10(续)

解释变量	固定效应	随机效应	倍差分	2SLS
就业非农化	-0.014	0.175***	-0.037	-0.044
	(-0.31)	(3.74)	(-1.06)	(-1.11)
固定资产投资率	-0.091***	-0.048*	-0.093***	-0.091***
	(-3.36)	(-1.90)	(-7.51)	(-4.19)
常数项	9.476***	8.097***	9.832***	10.46***
	(14.16)	(18.28)	(21.44)	(12.27)
N	1008	1008	1008	784
时间效应	控制	控制	控制	控制
个体效应	控制	-	控制	控制
R^2	0.953	0.472	0.956	0.960
F统计量	455.5	—	893.1	—
豪斯曼统计量	—	6850.4	—	25146.4

注：①考虑到部分解释变量与被解释变量在绝对数值上相差较大，并且为了使得变量更加平稳、减小模型可能存在的异方差情况，对模型中所有数值型解释变量均做了自然对数化处理；②固定效应模型的豪斯曼检验统计量为538.16（p<0.01），随机效应模型的BP-LM检验统计量为1343.14（p<0.01），2SLS回归模型中工具变量的有效性检验Sargan统计量对应的P值为0.2285；③考虑到HR可能存在的内生性问题，在2SLS回归中我们采用HR自身的滞后1~2期作为对应的工具变量以控制内生性问题，但是需要注意的是变量HR的内生性检验Wu-Hausman检验统计量为0.0725（p>0.10），接受了变量为外生变量的原假设；④*代表p<0.10，**代表p<0.05，***代表<0.01，括号内为T统计量。

（1）从表5.10可以看出，对地区经济增长的研究中，在重要解释变量的系数估计值和显著性水平下，研究建立的固定效应模型、倍差分模型等4组模型均基本呈现出了一致的结果。以倍差分模型为准可以发现：四川省省直管县改革变量的系数估计值为0.486（P<0.01），四川省省直管县改革促进了其县域地区经济的发展；除此此外，财政分权因素对经济发展的影响上，收入分权的系数估计值为-0.005，但并不显著。而支出分权则显著抑制了地区经济的发展，其抑制程度为-0.042（P<0.05）。

为检验改革通过财政分权促进县域经济发展的调节机制，本研究更进一步考察了财政分权因素与省直管县改革的交互作用，发现四川省省直管县改革仅仅通过财政支出分权的强化表现出对县域经济发展的正向影响，其系数估计值为 0.087（P<0.01），而未通过财政收入分权的深化表现出任何显著影响。

在控制变量方面，人口密度的系数估值和固定资产投资率显著为负（-0.239，P<0.01），其原因可能在于四川省县域经济增长中人口资源还未转化为人力资本，人口密度与农业就业人数呈正相关关系，自然与产业结构调整负相关。而固定资产投资率转化为拉动经济增长的有效性则需要较长周期。

（2）由表 5.11 中的结果可以看出，不论是在固定效应模型中，还是在倍差分模型中，四川省省直管县改革对产业结构的优化均表现出了显著的正向影响关系，表明改革从一定程度上促进了地区产业结构的优化。鉴于针对 HR 内生性的 Wu-Hausman 检验接受了 HR 为外生性变量的原假设，并且在固定效应模型与倍差分模型估计结果基本一致的前提下，本研究继续依据倍差分模型进行分析。在加入全部控制变量的倍差分模型中，省直管县改革的系数估计值为 0.118（P<0.01），反映出改革会促进地区产业结构 0.118 个单位的优化；此外，模型中财政收入分权和支出分权对产业结构的优化表现出了截然相反的影响，其中财政收入分权的系数估计值为 0.007（P<0.01），财政支出分权的系数估计值为-0.010（P<0.05），说明财政收入分权对地区产业结构的优化存在显著的正面影响，而财政支出分权则不利于地区产业结构的调整和优化。

从财政分权发挥调节作用的层面来看：省直管县改革与财政收入分权以及支出分权的交互项系数估计值分别为-0.006（P<0.05）、0.019（P<0.01），揭示了省直管县改革通过向县级的经济扩权和财政扩权反而扭转了财政收支分权在地区产业结构中所产生的影响；具体而言，省以下收入分权的深化对改革有显著负向调节作用，支出分权的深化对改革有显著的正向调节作用。

首先，本研究反映出四川省省直管县改革有利于产业结构的调整和优化，县级财政收入分权的加深的确有利于地区产业结构的优化，而支出分权的加强则产生相反效果的影响。但是，省直管县改革并未通过财政收入分权改善产业结构，反而使其原本发挥的正面影响变成了负面影响；相反地，通过改革政策的引导，原本发挥负向作用的财政支出分权反而产生了正面作用。结合前几章的理论分析，这表明改革在整体上呈现的正面效应并未通过对原有收入分享机制的变化来实现，而是通过财政支出分权的进一步深化和其他改革措施来达到其对试点县产业结构的改善作用，且后者发挥的正向调节作用远大于前者的负向影响。而省直管县改革中财政支出的良性调节作用主要在于经济管理权限的下放反而激发了县级财政的生产性支出。财政支出分权强化了对产业结构优化的正向影响，同时，强化财政收入分权对产业结构优化的负向影响。其具体作用机制将在本章后面中详细讨论。

表 5.11　四川省省直管县改革对县域产业结构的影响分析

解释变量	固定效应	随机效应	倍差分	2SLS
省直管县改革	0.106***	0.085**	0.118***	0.178***
	(2.67)	(2.25)	(3.01)	(4.67)
财政收入分权	0.007***	0.009***	0.007***	0.005***
	(3.17)	(4.39)	(3.04)	(2.85)
财政收入分权×省直管县改革	−0.007**	−0.009**	−0.006**	−0.003
	(−2.14)	(−2.54)	(−2.03)	(−1.02)
财政支出分权	−0.010**	−0.021***	−0.010**	−0.016***
	(−2.16)	(−4.14)	(−2.15)	(−3.66)
财政支出分权×省直管县改革	0.017**	0.015**	0.019***	0.028***
	(2.40)	(2.23)	(2.66)	(4.15)
基础设施承载力	0.010**	0.004	0.010**	0.013***
	(2.17)	(1.22)	(2.57)	(3.97)
人力资本水平	−0.002	0.013*	−0.002	0.006
	(−0.26)	(1.70)	(−0.25)	(0.39)
人口密度	−0.045***	0.008	−0.043***	−0.039**
	(−2.75)	(1.11)	(−2.60)	(−2.54)
就业非农化	0.020**	0.050***	0.021**	0.015**
	(1.97)	(5.88)	(2.06)	(1.97)
固定资产投资率	−0.002	0.005	−0.002	−0.004
	(−0.35)	(1.07)	(−0.33)	(−0.99)

表5.11(续)

解释变量	固定效应	随机效应	倍差分	2SLS
常数项	0.794***	0.521***	0.775***	0.702***
	(6.69)	(6.25)	(6.50)	(4.32)
N	1008	1008	1008	784
时间效应	控制	控制	控制	控制
个体效应	控制	—	控制	控制
R^2	0.950	0.226	0.951	0.955
F统计量	338.5	—	359.4	—
豪斯曼统计量	—	1654.2	—	22276.2

注：①考虑到部分解释变量与被解释变量在绝对数值上相差较大，并且为了使得变量更加平稳、减小模型可能存在的异方差情况，对模型中所有数值型解释变量均做了自然对数化处理；②固定效应模型的豪斯曼检验统计量为101.28（$p<0.01$），随机效应模型的BP-LM检验统计量为1563.96（$p<0.01$），2SLS回归模型中工具变量的有效性检验Sargan统计量对应的P值为0.1538；③考虑到HR可能存在的内生性问题，在2SLS回归中我们采用HR自身的滞后1~2期作为对应的工具变量以控制内生性问题，但是需要注意的是变量HR的内生性检验Wu-Hausman检验统计量为0.4006（$p>0.10$），接受了变量为外生变量的原假设；④*代表$p<0.10$，**代表$p<0.05$，***代表<0.01，括号内为T统计量。

5.4.1.2 四川省省直管县改革对不同类别县域经济绩效影响的效果检验①

（1）改革对处于不同区位县域经济绩效的影响。表5.12显示了基于县域地理特征的分类后，改革对经济发展水平影响的模型估计结果：3组模型的豪斯曼检验结果均显示，在与随机效应估计量的比较中，固定效应估计量更优。此处倍差分的估计结果与固定效应估计结果在各个解释变量系数估计值的正负符号以及显著性水平上基本一致，本研究根据倍差分模型的结果进行分析。

① 在子样本的检验中，鉴于在重要解释变量上的系数估计值上，倍差分模型与固定效应模型的估计结果基本一致。考虑到倍差分模型在评估政策效应上的优势，本研究在以下分析中以倍差分效应模型为准。

表 5.12 省直管县改革对不同地形县域经济发展水平的影响

解释变量	固定效应模型			倍差分模型		
	丘陵	山区	平原	丘陵	山区	平原
省直管县改革	0.053 *	0.216 **	−0.006	0.067 **	0.211 **	−0.007
	(1.83)	(2.16)	(−0.16)	(2.42)	(2.17)	(−0.19)
财政收入分权	−0.001	0.013 ***	0.003 **	−0.001	0.013 ***	0.003 **
	(−0.31)	(3.64)	(2.28)	(−0.37)	(3.67)	(2.21)
财政收入分权×省直管县改革	−0.000	−0.005	−0.007 **	0.001	−0.004	−0.008 ***
	(−0.02)	(−1.13)	(−2.90)	(0.10)	(−1.09)	(−3.99)
财政支出分权	−0.010 ***	−0.012 **	−0.000	−0.010 ***	−0.012 **	0.001
	(−6.11)	(−2.32)	(−0.01)	(−5.29)	(−2.37)	(0.29)
财政支出分权×省直管县改革	0.008	0.034 *	−0.001	0.010 *	0.033 *	−0.002
	(1.46)	(1.77)	(−0.20)	(1.96)	(1.77)	(−0.29)
基础设施承载力	−0.001	0.033 ***	−0.0004	−0.000	0.034 ***	0.001
	(−1.25)	(12.38)	(−0.59)	(−0.18)	(13.73)	(1.06)
人力资本水平	−0.014	−0.017 ***	−0.022 *	−0.014	−0.015 ***	−0.021 *
	(−1.45)	(−3.87)	(−2.07)	(−1.44)	(−3.75)	(−1.96)
人口密度	−0.060 ***	−0.007	−0.055 ***	−0.059 ***	−0.004	−0.052 ***
	(−3.83)	(−0.57)	(−8.43)	(−3.87)	(−0.28)	(−7.24)
就业非农化	0.013 ***	0.026 ***	0.084 ***	0.014 ***	0.028 ***	0.088 ***
	(2.95)	(4.53)	(19.08)	(3.12)	(5.81)	(13.88)
固定资产投资率	0.008	−0.017 **	−0.010 ***	0.008	−0.017 **	−0.009 ***
	(1.53)	(−2.74)	(−6.97)	(1.58)	(−2.70)	(−5.41)
常数项	1.155 ***	0.636 ***	1.400 ***	1.140 ***	0.602 ***	1.376 ***
	(7.08)	(8.34)	(28.90)	(7.16)	(9.02)	(22.30)
N	612	252	144	612	252	144
时间效应	控制	控制	控制	控制	控制	控制
个体效应	控制	控制	控制	控制	控制	控制
R^2	0.704	0.819	0.871	0.705	0.820	0.879
F 统计量	8774.7	526.9	1309.1	4638.65	311.0	3727.8
豪斯曼统计量	199.1531 ***	87.0957 ***	57.372 ***	198.8494 ***	87.1287 ***	59.1383 ***

注：①考虑到部分解释变量与被解释变量在绝对数值上相差较大，并且为了使得变量更加平稳、减小模型可能存在的异方差情况，对模型中所有数值型解释变量均做了自然对数化处理；②需要注意的是，不论固定效应模型还是倍差分模型，两者均控制了个体和时间效应，两者的差别在于省直管县改革变量的生成方式，前者是改革前后哑变量 D1 的反映，后者是反映改革前后的哑变量 D1 与反映控制组实验组的哑变量 D2 的交叉乘积；③ * 代表 $p<0.10$，** 代表 $p<0.05$，*** 代表 <0.01，括号内为 T 统计量。

在进行分类后，从四川省省直管县改革有利于县域经济发展水平提升的观点来看，受到正面促进作用最为显著的依次为山区县（$\gamma_0=0.211$，$P<0.05$）、丘陵县（$\gamma_0=0.067$，$P<0.05$），而平原县并未得到任何影响。

而从改革影响县域经济水平的层面来看，财政分权的调节性作用在三类地区存在明显分异：通过省以下财政收入分权程度的深化，改革对平原地区反而产生了负面影响（$\gamma_1=-0.008$，$P<0.01$），而对山区、丘陵地区未产生明显影响；改革通过对省以下财政支出分权程度的深化，对丘陵、山区县域产生显著正影响，两者的交互项系数估计值分别为 $\gamma_2=0.010$（$P<0.10$）、$\gamma_2=0.033$（$P<0.10$）。

表 5.13 显示按不同地形分类后，改革对产业结构影响的估计结果：我们对按地理地貌特征划分后的子样本继续进行了相应的回归检验，具体模型估计结果见表 5.8。从豪斯曼检验结果来看，在固定效应估计量和随机效应估计量的比较中，豪斯曼检验统计量均在 1%的水平下拒绝了原假设，即建议采用固定效应估计量作为研究模型。根据表 5.13 中不同地形区域样本的估计结果来看，考虑到倍差分模型结果与固定效应模型基本一致，研究以倍差分模型估计结果为例。

从省直管县改革影响县域产业结构的角度来看：按地理特征分类后，受到正面促进效果较显著的依次为山区县（$\gamma_0=0.490$，$P<0.05$）、丘陵县（$\gamma_0=0.449$，$P<0.01$），而平原县并未受到任何显著影响。

从改革影响县域产业结构的层面来看，财政收入分权并未表现出对丘陵、山区、平原地区产业结构的任何抑制或促进的调节作用，而财政支出分权则表现出对山区县和丘陵县产业结构显著促进的调节性作用，其影响程度分别为 0.098（$P<0.05$）、0.078（$P<0.01$）。

表 5.13　省直管县改革对不同地形县域产业结构的影响分析

解释变量	固定效应模型			倍差分模型		
	丘陵	山区	平原	丘陵	山区	平原
省直管县改革	0.907***	0.367**	-0.299	0.449***	0.490**	-0.258
	(5.25)	(2.29)	(-1.37)	(5.65)	(2.09)	(-1.71)
财政收入分权	-0.028***	0.006	-0.018	-0.023**	0.010	-0.018
	(-2.98)	(1.02)	(-1.50)	(-2.61)	(1.44)	(-1.40)
财政收入分权×省直管县改革	-0.002	0.014	-0.033	-0.007	0.005	-0.015
	(-0.28)	(0.61)	(-1.12)	(-0.85)	(0.33)	(-0.74)

表5.13(续)

解释变量	固定效应模型		倍差分模型			
	丘陵	山区	平原	丘陵	山区	平原
财政支出分权	-0.029	-0.091 ***	-0.021	-0.020	-0.089 ***	-0.047 **
	(-1.04)	(-5.48)	(-0.53)	(-0.65)	(-5.08)	(-2.55)
财政支出分权×省直管县改革	0.149 ***	0.073 **	-0.053	0.078 ***	0.098 **	-0.038
	(4.92)	(2.61)	(-1.52)	(5.28)	(2.28)	(-1.57)
基础设施承载力	-0.009	0.101 ***	0.023 ***	-0.050 **	0.068 ***	-0.004
	(-0.53)	(3.54)	(3.01)	(-2.53)	(3.75)	(-0.80)
人力资本水平	0.004	0.064 **	-0.163 **	0.003	0.024 *	-0.188 **
	(0.08)	(2.36)	(-2.51)	(0.07)	(1.93)	(-2.91)
人口密度	-0.172 **	-0.010	-0.291 **	-0.219 **	-0.089	-0.370 ***
	(-2.30)	(-0.19)	(-2.24)	(-2.46)	(-1.14)	(-3.39)
就业非农化	-0.044	0.115 ***	0.047	-0.063	0.072 ***	-0.040
	(-1.25)	(3.00)	(0.55)	(-1.51)	(3.26)	(-0.51)
固定资产投资率	-0.155 ***	-0.015 *	-0.048	-0.168 ***	-0.015	-0.071
	(-11.23)	(-1.79)	(-0.94)	(-15.34)	(-1.46)	(-1.55)
常数项	9.843 ***	7.691 ***	12.45 ***	10.32 ***	8.434 ***	13.02 ***
	(15.68)	(14.78)	(16.14)	(14.30)	(17.85)	(24.78)
N	612	252	144	612	252	144
时间效应	控制	控制	控制	控制	控制	控制
个体效应	控制	控制	控制	控制	控制	控制
R^2	0.888	0.965	0.959	0.901	0.975	0.974
F统计量	479.60	410.40	80.78	265.76	437.70	462.00
豪斯曼统计量	299.6353	163.4189	86.4192	314.413	169.3283	92.4213

注：①考虑到部分解释变量与被解释变量在绝对数值上相差较大，并且为了使得变量更加平稳、减小模型可能存在的异方差情况，对模型中所有数值型解释变量均做了自然对数化处理；②需要注意的是，不论固定效应模型还是倍差分模型，两者均控制了个体和时间效应，两者的差别在于省直管县改革变量的生成方式，前者是改革前后哑变量D1的反映，后者是反映改革前后的哑变量D1与反映控制组实验组的哑变量D2的交叉乘积；③ * 代表 $p<0.10$，** 代表 $p<0.05$，*** 代表 <0.01，括号内为T统计量。

（2）改革对处于不同财政能力县域经济绩效的影响。表5.14显示按财政自给能力分类后，省直管县改革对县域经济发展水平的影响：以倍差分模型的估计结果为准，省直管县改革对两个子样本中县域经济发展均有着显著的正向影响关系，其中在财政自给能力较强样本中，其系数估计值为 $\gamma_0 = 0.058(P < 0.01)$，而在财政自给能力弱的样本中，其系数估计值为

$\gamma_0=0.219$（P<0.01），显示改革对财政自给能力较弱县域的经济发展水平有更强的促进作用。

此外，从改革影响试点县县域经济发展层面来看，财政分权的调节作用在财政自给率不同的县域表现出非对称性影响：对于财政自给能力较强的县域，省内财政收入分权的加深在改革中发挥了显著的负向调节作用（$\gamma_1=-0.007$，P<0.10），省内财政支出分权的深化在改革中则发挥了显著的正向调节作用（$\gamma_2=0.007$，P<0.10）；对于财政自给能力较弱的县域，省内财政支出分权在改革中发挥了更为有力的正向调节作用（0.036，P<0.01），而并未受到来自收入分权的任何影响。

表 5.14　省直管县改革对不同财政自给率县域经济发展的影响分析

解释变量	固定效应模型		倍差分模型	
	FD≥中位数	FD<中位数	FD≥中位数	FD<中位数
省直管县改革	0.057***	0.204***	0.058***	0.219***
	(3.43)	(3.49)	(3.48)	(3.70)
财政收入分权	0.001	0.008***	0.001	0.007***
	(1.06)	(4.85)	(1.06)	(4.88)
财政收入分权×省直管县改革	−0.006*	0.000	−0.007*	0.001
	(−1.67)	(0.10)	(−1.69)	(0.29)
财政支出分权	−0.004**	−0.021**	−0.004**	−0.021**
	(−2.02)	(−2.08)	(−2.01)	(−2.02)
财政支出分权×省直管县改革	0.007*	0.033***	0.007*	0.036***
	(1.93)	(3.11)	(1.96)	(3.27)
基础设施承载力	−0.003	0.015***	−0.002	0.017***
	(−0.73)	(3.70)	(−0.60)	(4.15)
人力资本水平	−0.005	−0.011	−0.004	−0.008
	(−0.59)	(−0.61)	(−0.55)	(−0.45)
人口密度	−0.046**	−0.063***	−0.046**	−0.059***
	(−2.23)	(−5.22)	(−2.23)	(−5.66)
就业非农化	0.002	0.043**	0.002	0.045**
	(0.33)	(2.41)	(0.40)	(2.43)

表5.14(续)

解释变量	固定效应模型		倍差分模型	
	FD≥中位数	FD<中位数	FD≥中位数	FD<中位数
固定资产投资率	-0.006	0.010	-0.006	0.010
	(-1.12)	(1.24)	(-1.12)	(1.22)
常数项	1.025***	1.037***	1.022***	0.984***
	(6.43)	(13.04)	(6.44)	(14.82)
N	504	504	504	504
时间效应	控制	控制	控制	控制
个体效应	控制	控制	控制	控制
R^2	0.759	0.656	0.759	0.662
F统计量	2845.09	738.6	101.1	210.8
豪斯曼统计量	198.4829***	142.0115***	191.2520***	146.7128***

注：①考虑到部分解释变量与被解释变量在绝对数值上相差较大，并且为了使得变量更加平稳、减小模型可能存在的异方差情况，对模型中所有数值型解释变量均做了自然对数化处理；②需要注意的是，不论固定效应模型还是倍差分模型，两者均控制了个体和时间效应，两者的差别在于省直管县改革变量的生成方式，前者是改革前后哑变量D1的反映，后者是反映改革前后的哑变量D1与反映控制组实验组的哑变量D2的交叉乘积；③*代表p<0.10，**代表p<0.05，***代表<0.01，括号内为T统计量。

表5.15显示按财政自给能力分类后，省直管县改革对县域产业结构调整的影响：以倍差分模型的估计结果为准，省直管县改革对两个子样本中县域的产业结构调整均有着显著的正向影响关系，其中在财政自给率较高的样本中，其系数估计值为 $\gamma_0=0.270$（$P<0.05$），而在财政自给率较低的样本中，其系数估计值为 $\gamma_0=1.169$（$P<0.01$），表明后者所受促进作用远甚于前者。

此外，从改革影响试点县县域产业结构层面来看，财政分权的调节作用在财政自给率不同的县域依然表现出非对称性影响：在财政自给率较高的县域，不论是财政收入分权还是财政支出分权，两者均未呈现任何显著影响；在财政自给率较低的县域，财政支出分权对财力弱县的产业结构改善表现出程度明显的正向调节（$\gamma_2=0.220$，$P<0.01$）。

表 5.15　省直管县改革对不同财政自给率县域的产业结构影响分析

解释变量	固定效应模型		倍差分模型	
	FD≥中位数	FD<中位数	FD≥中位数	FD<中位数
省直管县改革	0.326**	1.408***	0.270**	1.169***
	(2.47)	(5.54)	(2.00)	(4.61)
财政收入分权	-0.001	-0.021**	-0.002	-0.013
	(-0.12)	(-2.30)	(-0.16)	(-1.24)
财政收入分权×省直管县改革	-0.002	-0.002	-0.004	-0.009
	(-0.16)	(-0.19)	(-0.24)	(-0.55)
财政支出分权	-0.031	-0.066**	-0.033	-0.066***
	(-0.91)	(-2.52)	(-0.91)	(-3.38)
财政支出分权×省直管县改革	0.037	0.254***	0.033	0.220***
	(1.44)	(5.59)	(1.26)	(4.87)
基础设施承载力	-0.002	0.061**	-0.032	0.016
	(-0.09)	(2.39)	(-1.03)	(0.98)
人力资本水平	0.091	0.023	0.066	-0.019
	(1.47)	(0.31)	(1.29)	(-0.35)
人口密度	-0.352***	-0.069	-0.356***	-0.132
	(-2.95)	(-0.54)	(-2.98)	(-1.27)
就业非农化	0.029	-0.036	-0.001	-0.070**
	(0.59)	(-0.92)	(-0.02)	(-2.55)
固定资产投资率	-0.064**	-0.113***	-0.071**	-0.109***
	(-2.12)	(-4.83)	(-2.02)	(-4.79)
常数项	10.570***	8.574***	10.800***	9.412***
	(23.48)	(6.86)	(19.98)	(10.19)
N	504	504	504	504
时间效应	控制	控制	控制	控制
个体效应	控制	控制	控制	控制
R^2	0.909	0.872	0.916	0.893

表5.15(续)

解释变量	固定效应模型		倍差分模型	
	FD≥中位数	FD<中位数	FD≥中位数	FD<中位数
F 统计量	229.78	158.96	236.67	183.45
豪斯曼统计量	261.0756***	235.9592***	268.4466***	246.5503***

注：①考虑到部分解释变量与被解释变量在绝对数值上相差较大，并且为了使得变量更加平稳、减小模型可能存在的异方差情况，对模型中所有数值型解释变量均做了自然对数化处理；②需要注意的是，不论固定效应模型还是倍差分模型，两者均控制了个体和时间效应，两者的差别在于省直管县改革变量的生成方式，前者是改革前后哑变量 D1 的反映，后者是反映改革前后的哑变量 D1 与反映控制组实验组的哑变量 D2 的交叉乘积；③ ** 代表 $p<0.05$，*** 代表<0.01，括号内为 T 统计量。

5.4.2 基于倾向性匹配的倍差分模型

由于省直管县体制改革在某种程度上受到一系列因素的影响，其中经济发展水平（经济总量）是潜在的重要影响因素之一。在倍差分模型分析中，控制组的选择也可能存在非随机的因素的干扰，特别是在对原样本的观测中，可以发现实验组和对照组之间的变量存在一定程度的差异，因此有必要进一步检验实验组和对照组之间在经济水平、产业结构等变量上存在的显著性差异是否影响了前文 DID 检验中改革效果的真实可靠性。另外在划分分子样本后也易出现分组不均衡，对照组和实验组之间可能存在可比性较差的情况。

因此，为排除这种样本选择的非随机性带来的潜在“天然”影响，提高对照组的可比性，本研究借鉴已有的相关研究（贾俊雪和宁静，2015），对原始样本进行了基于倾向性匹配得分（Propensity Score Matching）的双重差分分析（PSM-DID）以检验前文结论的可靠性（Rosenbaum and Rubin，1983；Caliendo and Kopeinig，2008）。其中倾向性匹配得分的具体做法为：首先根据 Probit 或者 Logit 模型计算出每个县的倾向得分 P（X）（即其他特征变量 X 给定的情况下，一个县实施改革的预测概率），然后据此将改革县（实验组）和非改革县（对照组）样本进行匹配，以匹配成功后即综合特征最相近的非改革县的结果作为改革县的对照样本。

在基于倾向性匹配得分的双重差分检验中，通过倾向性得分匹配的办法筛选出了变量水平相对一致的实验组和对照组再次进行了 DID 检验，而通过匹配得分后的 PSM-DID 估计结果与本书 5.4.1 原样本的估计结果并无明显差异，因此，本研究认为模型的估计结果是稳健的，原样本实验组与对照组在变量之间存在的显著性差异并未影响 5.4.1 中结论的真实可靠性。为避免在正文中过度重复的描述，这部分检验结果在本书附录中呈现，具体参见附录 1。

5.5 基于实证结果的研究分析与小结

5.5.1 省直管县改革的制度绩效：基于县域经济视角

总体来讲，四川省省直管县体制改革的确对县域经济发展做出了积极贡献。政策效应通过“稳增长”和“调结构”两个层面促进了县域经济绩效的改善，验证了研究提出的假设一。同时，改革中财政收支分权所发挥的调节作用在以上两个层面都呈现明显的非对称性，具体情况如下：

（1）省内财政收入分权（省—市—县之间的分权）对县域经济增长无明显作用，省内财政支出分权对县域经济有正向促进作用；相反的是，改革框架下的省内财政收入分权有利于县级产业结构改善，省内财政支出分权不利于县级产业结构改善。

（2）省直管县改革在某种程度上改变了分权发挥作用的机制。在省直管县改革促进县域经济发展和产业结构优化的过程中，省以下财政支出分权发挥了显著促进的调节作用；但是，在省直管县改革促进县域经济发展的过程中，省以下财政收入分权并未产生任何显著的调节作用；同时，改革反而引发了财政收入分权对产业结构调整的负向调节作用。

（3）依据本书对于收入分权和支出分权的主要界定可以认为，四川省省直管县改革中，收入分权的深化主要演化为“财政直管”及其相关措施，支出分权化的深化主要演化为“扩权强县”及其相关措施。因此，在四川省直管县改革影响其县域经济绩效的作用机制中，收入分权化特征的“扩权强县”在总体上呈现出显著的促进作用，而具有支出分权化特征的“财政直管”在总体上呈现显著的负向影响。

5.5.2 省直管县改革中收支分权的作用原理

改革背景下财政分权的作用机制则相对复杂：财政支出分权发挥作用

的原因在于改革一方面通过下移资源配置权力和要素调配权力等相关经济管理权；另一方面通过理清政府间支出责任给予县级更大的财政支出权力，均使县级政府引导县域政府资源配置的能力有所提升，主动性有所加强。

在财政支出分权方面，其作用之所以因改革而呈现显著的由负向正的扭转趋势，主要源于“扩权强县”之前，原有“市管县”体制挤压下县级政府在县域资源配置上主导地位的缺失，而以经济扩权为主的管理权限扩大化使其在一定程度上拥有与地级市几乎同等的权限，提升了以优化资源配置为主要责任的县级财政支出效率，有利于域内经济增长和产业结构优化。经济管理权限的扩大和财政地位的提高也直接刺激了县级政府以经济建设为主的生产性支出扩张，引发县际层面的生产性支出竞争，吸引要素流入从而拉动了经济绩效，实证结果也显示了基础设施建设对于产业结构优化的促进。

在财政收入分权方面，从四川省几次扩权强县的文件来看，收入划分的改革措施主要为：省与扩权试点县（市）收入划分范围和比例；财政收支基数核定。文件规定中明确了支出范围与事权一致划分到试点县的原则。可见，改革中收入的分权化改革与支出责任是相互配套，收入权限的扩大也对应支出责任的扩大，虽然支出责任的扩大表现出其在经济绩效上的积极作用，但是考虑到四川县级财政自给能力较低，对上级资金补助依赖性较强，其收入分权化改革的作用多发挥于通过提升其财政地位疏通资金获取渠道，缓解县级财政压力，但并不利于产业结构的优化。本研究推断这一结论的产生源于三个因素：

（1）改革中的收入划分措施并未直接赋予县级政府促进经济增长的能力，因为这种分税制在省内的进一步深化未扩大基层政府收入征缴的自由裁量权。从企业的角度看，税率没有改变，资金回报率就没有变，因而改革中的收入分权对于刺激本地经济并无直接影响（郑新业等，2011）。而对于四川省这样需要靠大量转移支付资金维系县级支出责任的财政困难大省，其政府间税收竞争促进经济增长的效应在四川省的改革中尚未体现。

（2）改革中的收入划分主要对于改善县级财政困境有积极作用，研究推断省直管县改革主要通过转移支付资金的改善有效缓解了县级财政困难，而并未触及县级财政自给能力上的改善，因而没有起到促进地区经济增长的作用；另外，政府财政收入中绝大部分来自税收收入，而税收会对劳动供给、资本形成以及技术进步产生负面影响，从而不利于县域产业的城镇化进程。因此，改革通过对原有收入分享机制的影响，或许诱发了税收竞争在产业结构调整上的负面作用。

（3）由于四川县域地区经济发展水平明显低于全国县域经济平均水平，县域经济增长内生性较弱。财政收入分享的调整无疑直接扩大了县级政府干预市场的动力。同时，四川县级地区财政自给能力较弱，而四川省省直管县改革中又规定在非税收入的分享方面，所在市不再参与扩权试点县（市）非税收入的分享。这无疑刺激了县级政府经济规模的扩张，扩大了县级政府预算外资金的膨胀，加之政府干预市场的力度增大，最终阻碍了县级产业结构的优化。

值得注意的是，虽然改革措施对原有收入机制的调节作用并不利于其产业结构改善，但是改革在其他方面发挥的作用，如财政支出分权程度的深化等作用强度远超过了收入分权的副作用强度，改革最终呈现了在产业结构改善上显著的正向促进作用。

5.5.3 改革对于不同类型县的县域经济绩效影响差异

借助四川省试点县的经济社会数据，本书较为深入地研究了省直管县体制改革对不同类别县域经济绩效的影响。在明确区分县级经济功能、地理区位的条件下，分类评估了省直管县试点政策的异质性效果，并验证了假设三提出的省直管县改革对不同类别县的县域经济绩效影响，受到县级财政能力以及地理特征的制约，并得到如下有益的结论和政策启示：

（1）本研究发现对处于不同地理特征的县域之间，改革对试点县经济绩效的改善效果存在明显分异，即仅对丘陵和山区县域的“稳增长”和“调结构”起到了促进作用，对平原县域的经济增长反而呈现在经济增长一侧的抑制作用。同时，财政收支分权的调节作用也呈现一定差异，即财政支出分权的调节作用对丘陵和山区试点县域的改善效应明显，而收入分权的调节作用对平原县的抑制效应明显。

本研究认为其因地理特征而呈现差异化的原因主要在于：“扩权强县”后管理权限的下放直接促进其发展本地经济的积极性，而由于丘陵地区和山区地区的县（市）本身处于经济发展相对滞后地区，县域内经济发展资源受市级政府挤占的现象更严重，企业发展受限更严重，因此发展潜力受到抑制，而通过“项目直接审批”“计划直接上报”等扩权方式直接使试点县（市）企业获得了更明显的发展优势，在提高资源配置效率的同时，也吸引了更多企业在试点区域的投资。同时，由于在政府间激励机制尚未转变的前提下，区位弱势地区获得“为增长而竞争”的机会增大，县级支出分权的强化带来的县际支出的竞争在这两个地区表现明显。

而四川省平原县的经济环境、地理环境本身优势明显，靠近省会城市且七个平原县（市）中有五个县级市，地级市与所辖县关系多为“强市—强县”或者“强市—弱县”，

其与市级在经济发展上的关系更倾向于区域统筹发展或者“市带县”，而经济扩权反而割裂了市、县经济联系，这部分县在经济发展上的市县“互补”性强或者仍需要依靠所属市，行政隶属上的市—县关系也未改变，其改革后反而会失去“市带县”的优势，要素无法合理流动，无益于经济的长期增长。另外，基于自身经济优势，改革中的收入分权政策或直接带来这部分县预算外资金的膨胀，影响经济稳定增长。再者，处于平原地区这部分试点县本身的产业结构水平相较于其他两个地区也具有优势，因此改革并未对平原县产业结构优化带来显著影响。

上述结论很大程度上证实了“扩权强县”在促进县域经济绩效改善的机制上具有多重维度的论点，也验证了改革过程中推行“一刀切”的政策弊端和改革风险。如果从“稳增长，调结构”的整体绩效观来看，四川省“扩权强县”改革试点的政策效果实现了在区位优势相对较弱县域实现经济绩效提升的目标，但是对于区位优势较突出的平原地区产生的影响却不尽如人意。可见，不同区位条件所致的不同“市—县”关系为改革带来的后续风险不容小觑。

如果要优先促进县域经济绩效提升，区位条件不突出且多处于“弱市—弱县”或“弱市—强县”的丘陵县和山区县则是政策红利的最大赢家，因为这部分县更需要扩权来突破“市管县”体制的发展制约；而区位条件相对突出且处于“强市带动”范围内的试点县则受到了来自“市—县”关系割裂的不利影响。

（2）本研究发现对财政能力有所差异的县域之间，改革对试点县经济绩效的改善作用存在效果强弱的分异，即对财力弱县在“稳增长”和“调结构”两个层面的促进程度远远甚于对财力强县的促进。同时，调节改革的分权机制也呈现一定差异。

本研究认为上述原因主要在于：由于支出责任和管理权限的进一步细分，以及二者匹配程度的提高，扭转了财政支出分权的抑制作用，使长期

以来入不敷出的试点县财力获得了以财政支出分权提振经济发展的机会。而其中，财力弱县受到的提振效果远甚于财力强县，说明财政自给能力较差的县域更需要通过“扩权强县”获得经济发展。在财政收入分权方面，转移支付的畅通和税收的相应增加却并未通过改革表现出正面作用。相反，在改革作用引导下，财政收入分权对财力强县的经济增长则表现出显著抑制，对财力弱县的经济增长作用则不再显著。其原因或在于以下两点：①财力强县在改革后其支出责任的扩大或者其用以支持经济增长的投入，既无法靠自有财力增长来支撑，也不足以靠转移支付的增加来维系；②财力弱县在改革后虽然可能通过转移支付渠道的畅通进一步获得财力充盈，但并未有对经济增长的良性作用。可见，向县级的财政收入分权在此次改革中多作用于借助转移支付进一步疏通进行的县级财政解困，而非自有财力的改善。

6　省直管县改革的民生改善影响：来自四川省的经验证据

本章利用县级财政的服务性公共物品支出来考察省直管县改革在财政绩效上对于县域民生改善的作用，并引入分级财政构架下用以平衡府际财力和地区间公共物品供给的财政转移支付制度，来考察通过对转移支付制度失偏、失灵的矫正，研究此次财政体制改革是否可以间接成为实现县域社会和谐公平发展的有效途径之一。同时，本章进一步检验改革政策对不同类型县域存在有差异性影响的判断。

6.1　制度回顾与研究假设

6.1.1　省直管县改革与县级财政

可以说，财政分权国家的转移支付制度与它的运行效率深刻影响着地方财政能力与公共品供给。审计署 2012 年发布的全国 54 个县财政收入的调查数据显示，审计署对 18 个省（自治区、直辖市）的 54 个县（包含市、区、旗，财力状况好、中、差的各占 1/3）在 2011 年进行调查时发现县级财政收入结构十分不合理，非税收入占比达到 60. 45%，超过税收收入占比近 21 个百分点。调查同时也显示了 2011 年 54 个县的公共财政支出中，上级转移支付占比达到 49. 39%，而中西部 45 个县的占比则高达 61. 66%。这说明县级税中主体税种缺乏、税源分散，县级财政对于上级转移支付依赖程度较高，并且中西部地区对转移支付依赖程度更高。

国内已有研究主要认为，通过省直管县改革得以实现县级基层政府财政解困的原因主要在于改革相对提升了县级政府在过去省、市、县三级政府中的财政地位，使县级财政由地市级负责过渡到省级直接负责，避免了市一级对县级财政资金的“抽血”行为（张占斌，2007）；同时，税收分享比例的增加和经济管理权的扩大赋予县级政府自主提升财政自给能力的激励（贾俊雪，2013；王小龙和方金金，2015）。然而，本书则发现省直管县改革对于县级财力状况的改善主要源于“财政直管”后，县级财政地位的提升和转移支付资金，特别是专项资金被截留、挪用等状况的改善，并非来源于返还性收入的增长，说明自有财力改善状况不明显。

在中国式财政分权的发展中，分税制以财政收入划分和承担与事权相对应的支出责任划分，在一定程度上重构了分权机制的两条主线，但收支责任的不对等和转移支付失灵也引致了基层财政困境。那么，是否向县级的支出分权和经济管理权限下放并不能解决其财力缺口，而转移支付失灵的纠偏则无形中成为改革用以充盈县级财力的主要手段。因此，本研究将在以下讨论中借助县级转移支付额来作为本章财政收入分权指标的代表。

6.1.2 省直管县改革与民生性财政支出

我国对省直管县改革与县域民生性支出的已有研究大致可以概括为两类，一类认为省直管县改革直接或间接促进了县域民生的改善，此类观点主要认为改革带来的县级政府自身财力的增长、县级财政地位的提高改善了县级的公共服务水平；另一类也是大多数研究则认为省直管县改革加剧了地方政府公共支出结构存在的“重基础建设、轻公共服务”的偏向性扭曲，其论点大致可以概括为：省直管县作为分权改革的一种模式，嵌入分权体系中以经济增长为主要考核目标的晋升激励导致了财政支出中对于民生性支出的挤压。基于已有研究在改革对于公共物品供给截然不同的结论上，本研究认为应基于四川省的实际情况考虑改革效应。四川省是接受转移支付资金的大省，特别是由于国家补助性资金对于西部地区的倾斜，四川省县级财政运行对转移支付存在很大的依赖性，同时考虑到改革在对于县级转移支付资金“增收”上的显著影响。基于此，本研究提出以下假设：

假设 1（H1）：四川省直管县改革与民生性支出改善正相关，而转移支付失灵的“纠偏”在其中发挥正向调节作用。

许多文献已讨论激励机制对于增长的重要价值，也提出“为增长而竞争”带来的负面影响，如财政支出结构的扭曲、税收竞争演化行为等。因此，向县级扩权极有可能引发县际层面的政府竞争，诱发县级财政支出结构的进一步扭曲。有实证研究指出，收入分权化改革直接扩大了地方财政的自由裁量权，在长期内可能伤及市场主体，并不利于税基扩大和财政增收（张永杰和耿强，2011）。另外，财力弱县在改革之后随事权责任的扩大，反而可能出现财力进一步弱化的局面（王小龙和方金金，2015），由此则可能带来民生性支出在县域之间的差异扩大，县域间公共物品供给失衡。

根据帕累托最优原则，公共资源的有限性决定在公共物品的配置中，不同类别项目之间会产生竞争关系，导致政府公共资源配置的效率受损（卢洪友，2006）。在第五章对经济绩效的分析中，研究结论已证实实行一定程度的“扩权强县”和“财政直管”后，四川省的县级财政支出确实会存在竞争行为，即表现出在经济增长和产业结构转型上的县际支出竞争。那么，本研究认为虽然改革带来的财政“增收”可以在实践中达到在支出竞争的基础上，同时优化服务性公共物品的供给，但是改革引致的县级财政竞争仍然会导致对于民生性支出的挤占。基于此，研究提出以下假设：

假设 2（H2）：四川省财政支出分权在改革中对民生性支出改善有负向调节作用。

考察省直管县改革并不能片面地考察改革本身产生的效应，而应该将其看作具有明显经济分权和财政分权特征的一种改革形式，在横向和纵向上多维度地考察改革对于民生性支出的影响。特别是在改革反而有可能引发县域之间公共物品供给失衡的情况下，需同时从经济发展程度、县级财政能力以及地理资源禀赋等维度横向考察县域之间的经济增长和公共服务均等化问题，以避免由于改革推行期间的“一刀切”模式而使改革流于形式，甚至导致公共物品供给结构的失衡。基于此，本研究提出以下假设：

假设 3（H3）：四川省直管县改革对县级民生性财政支出的影响受经济发展程度、县级财政能力以及地理资源特征的制约。

6.2　基于四川省县级面板数据的实证分析：研究设计

6.2.1　样本说明

研究选取四川省 2006—2014 年的县域社会经济数据进行全样本分析。与前文的样本选取范围保持了一致，包含了四川省 112 个样本县 2006—2014 年的相关社会统计数据，其中试点县 56 个，非试点县 56 个。由于所选取样本与第五章研究中样本一致，不再赘述。

6.2.2 变量设定

6.2.2.1 被解释变量的设定

本研究的被解释变量主要是由教育支出、医疗卫生支出、社会保障与就业支出以及科技支出组成的民生性支出。本研究中关注的民生性财政支出用县级教育支出、医疗卫生支出、社会保障与就业支出、科技支出占县本级政府财政总支出的比重来表示。

6.2.2.2 核心自变量的设定

省直管县虚拟变量的测量。目前，我国省以下纵向财政体制主要有市管县、省直管县两种体制并行。对于某一县（市）某一年份而言只存在两种情况，要么实行省直管县，要么没有实行省直管县。第一类虚拟变量是政策哑变量（*D*1），用来区分哪些年份实施了改革。*D*1 取值为 1 代表改革推行后，取值为 0 代表改革实行前。第二类虚拟变量是处理组哑变量 *D*2，用来区分哪些县在观测期内受到省直管县政策影响。取值为 1 代表观测期内参与了改革地区，取值为 0 代表未参与改革地区。在固定效应模型中，省直管县虚拟变量标记为 *D*1。在倍差模型中，省直管县变量代表是否纳入试点与处理组的交叉项，变量标记为 *EFFECT*，即 *D*1 与 *D*2 的交乘项。

6.2.2.3 调节变量的设定

基于前文研究中得出通过收入分权的调节作用，改革对转移支付失灵起到了“纠偏”作用，因此利用县级人均转移支付净额代表财政收入分权指标。另外，依旧利用人均县级财政支出在人均中央财政支出、人均省本级财政支出和人均县级财政支出三项之和的占比来表示县级财政支出分权。

6.2.2.4 控制变量的设定

在对四川省不同县区政府民生性支出的影响因素研究中，基于相关学者已有的研究，控制了以下一系列外生变量以消除经济发展水平、政府财政能力、社会、人口、区位条件等可能影响县域民生性财政支出的因素。主要包括：①县域经济发展水平的高低影响地方政府民生性财政支出，本研究采用实际人均 GDP（当年县 GDP 总量和人口总量的比值）衡量经济发展水平；②县级政府财政能力的强弱也对地方政府民生性财政支出的偏好产生影响，本研究采用财政自给能力（县本级财政收入占财政支出的比重）衡量财政自给率；③考虑到公共产品提供的规模效应，即人口相对密集的区域其公共产品供给效率也相对较高，本研究采用人口密度（总人口除以行政区面积）控制规模效应产生的影响；④本研究采用产业结构变化（第二、三产业占一产业的比重）反映县域的城镇化进程。其中，定量变量有6个，定性变量有3个，详细变量情况见表6.1。

表6.1 研究变量及其含义

变量	对应含义	计算方法	变量类型
Y	民生财政支出	民生性财政支出总占比	因变量
D1	政策虚拟变量	1为纳入试点后，0为纳入试点前	核心自变量
D2	政策虚拟变量	1为纳入试点地区，0为未纳入试点地区	
EFFECT	政策虚拟变量	*D1* * *D2*	
Transfer	人均转移支付	转移支付总额/人口	调节变量
FDZ	财政（支出）分权	人均县级财政支出/人均中央财政支出+人均省份本级财政支出+人均地市本级财政支出+人均县级财政支出	
PGDP	实际人均GDP	当年县GDP总量和人口总量的比值	控制变量
FD	财政自给能力	县公共财政预算收入/县公共财政预算支出	
POP	人口密度	总人口/行政区面积	
IS	城镇化水平	县域二、三产业总产值/一产业产值	

6.2.3 模型设定

针对四川省改革对县域民生财政的影响，本研究在先验研究选择政策虚拟变量和财政收支分权作为核心解释变量的基础上（谭之博等，2015），进一步引入政策虚拟变量和转移支付的交乘项、政策虚拟变量和财政分权两者的交乘项，以考察省、市、县之间的进一步分权如何在省直管县改革中影响县域经济增长和产业结构调整，同时特别考察对于转移支付的“纠偏”是否在改革中起到了对县级民生财政的积极作用。简言之，即揭示财政分权在省直管县改革中影响县域民生改善的调节性作用。

针对全样本数据的回归模型估计，并结合样本数据既包含截面又包含时间的特点，首先选择了面板回归估计方法作为研究的主要方法。考虑到结果的稳健性，研究进一步利用倍差分（Difference in Difference）估计方法对全样本数据进行了相应的估计。

其中面板回归模型的设计如下：

$$y_{it} = \alpha_i + \gamma_0 D1_{it} + \beta_1 transfer_{it} + \beta_2 FDZ_{it} + \gamma_1 D1_{it} \times transfer_{it} + \gamma_2 D1_{it} \times FDZ_{it} + \sum_{i=1}^{n} \lambda_i Control_{it} + \eta_i + \mu_t + \varepsilon_{it} \qquad (6-1)$$

上式中，$D1_{it}$ 为省直管县政策实施前后的虚拟变量（取值为 1 代表改革实施后，取值为 0 代表改革实施前），*transfer* 代表人均转移支付净额，*FDZ* 代表财政支出分权。特别地，研究引入省直管县体制改革虚拟变量与 *transfer* 的乘积项 $D1_{it} \times transfer_{it}$ 用以考察改革对于转移支付改善民生性支出的影响作用，引入省直管县体制改革虚拟变量与 *FDZ* 的乘积项 $D1_{it} \times FDZ_{it}$ 考察改革对县级民生财政的影响。*Control* 为控制变量集，分别包括实际人均 GDP、财政自给能力、人口密度、城镇化水平、产业非农化指数。μ_t 代表个体固定效应，η_i 代表时间固定效应，ε_{it} 为随机误差项。

在 DID 模型的设计中，研究借鉴已有学者的"自然实验"变换方式（Hoynes et al.，2011；才国伟和张学志，2011；毛捷和赵静，2012），依旧不对全样本实施统一的实验组别虚拟变量和实验时点虚拟变量的设置，而仅将两者的交互项纳入研究模型以考察政策效应的正负。

改进后的双重差分模型（DID）设计如下：

$$y_{it} = \alpha_i + \gamma_0 EFFECT_{it} + \beta_1 transfer_{it} + \beta_2 FDZ_{it} + \gamma_1 EFFECT_{it} \times transfer_{it} + \gamma_2 EFFECT_{it} \times FDZ_{it} + \sum_{i=1}^{n} \lambda_i Control_{it} + \eta_i + \mu_t + \varepsilon_{it} \quad (6-2)$$

上式中，*Effect* 为 DID 模型中的政策效应变量，为反映改革与否的哑变量 *D*2 与反映改革前后的哑变量 *D*1 的交叉乘积，用以表示省直管县改革的政策作用；*transfer* 代表人均转移支付净额，*FDZ* 代表财政支出分权。在 DID 模型中 *Effect* 变量的系数 γ_0 直接反映了政策的有效性与否，统计意义上显著的 γ_0 估计值代表了政策的有效益性，正的 γ_0 估计值代表了政策正向效果，负的 γ_0 估计值代表了政策的负向效果。特别地，为考察改革中转移支付和财政支出分权的调节作用，研究引入代表政策虚拟变量和县级人均转移支付的交乘项 $EFFECT_{it} \times transfer_{it}$，以及代表政策虚拟变量和财政支出分权的交乘项 $EFFECT_{it} \times FDZ_{it}$，其中 $transfer_{it}$ 和 FDZ_{it} 为"省—市—县"分权在省直管县政策影响县级民生财政中的调节变量，分权的调节效应是否显著则取决于交互项 $EFFECT_{it} \times transfer_{it}$ 和 $EFFECT_{it} \times FDZ_{it}$ 系数是否显著。*Control* 为控制变量集，分别包括实际人均 GDP、财政自给能力、人口密度、城镇化水平、产业分非农化指数。μ_t 代表个体固定效应，η_i 代表时间固定效应，ε_{it} 为随机误差项。

6.2.4　样本的描述统计分析

为对研究选取的样本有着更加全面的了解，首先进行了全样本的描述统计分析（见表6.2）。表6.3和表6.4给出了是否纳入试点以及纳入试点前后样本的描述统计结果。

需要注意的是，由于样本所包含的地区具备不同的属性特征，考虑到不同的子样本在统计特征上可能有着不同的表现，因此在给出全样本数据的描述统计结果后，更进一步结合样本所属的地形类别、经济发展水平以及财政自给能力等特征进行更加细致的描述统计。另外，由于财政支出分权指标第五章已详细描述，本章不再赘述。

具体来看，考虑到四川省112个县级行政区划分布于山区、丘陵、平原地区的属性特征，表6.5则给出了不同地形样本的详细描述统计结果。

此外，因为四川省不同县在经济发展水平上是存在一定差异的，而这种经济发展水平的差异可以具体反映在实际人均GDP的差异上，因此本研究根据实际人均GDP的中位数水平将样本进行了2段划分，其中实际人均GDP数值大于（包括等于）对应中位数的样本，本研究认为这一部分样本经济发展水平相对较高，而实际人均GDP数值小于中位数的样本，本研究认为其经济发展水平相对次之，对于这两部分不同经济属性特征的样本，本研究也给出了具体的描述统计（见表6.6）。

同理，根据财政自给能力的差异，参照经济发展水平的分组方法，本研究对样本中的112个县也进行了财政自给能力高低的划分，具体表现为财政自给能力大于（包括等于）对应中位数的样本为一组，标记为财政自给能力充足；相反，财政自给率低于中位数的样本被划分为一组，标记为财政自给能力弱，表6.7给出了这两部分样本的实际描述统计结果。

6.2.4.1　全样本的描述统计

表6.2中的全样本描述统计结果显示：四川省各个县区在样本期间内平均民生性支出占财政支出比例的41.10%，平均人均转移支付数额达到了1 970.250元，人均GDP的平均水平为21 294.930元，县公共财政预算收入占县公共财政预算支出的平均比例为25.65%，平均人口密度为564.969人/平方千米，县域非农化水平的均值为5.624。上述数据特征反映出四川省县级财政在民生性支出上的负担较重，财政自给能力总体较差，县级财政对转移支付资金的依赖性强。2006—2014年全国人均GDP的均值为

31 432元，而四川省县级人均 GDP 水平低于全国平均水平。

另外，结合变异系数（具体表现为样本标准差除以平均值）的数值来看，我们能发现变量财政转移支付的变异系数最大（CV = 1. 283），其次为变量城镇化水平（CV=0. 874）、财政自给能力（CV=0. 706）、人均 GDP 水平（CV = 0. 664）、民生性支出水平（CV = 0. 248）、人口密度（CV = 0. 569），反映出四川省不同县区在财政转移支付上县域之间差异最大，而在人口密度上内部差异相对最小。

表 6. 2　四川省直管县改革涉及变量的描述统计

Variable	N	Mean	SD	CV	P1	P25	P50	P75	P99
y	1008	0. 411	0. 102	0. 248	0. 166	0. 330	0. 433	0. 496	0. 571
Transfer	1008	1970. 250	2528. 136	1. 283	381. 391	949. 513	1563. 511	2377. 317	8536. 159
PGDP	1008	21294. 930	14143. 190	0. 664	4645. 000	11260. 500	17541. 000	27463. 500	71176. 000
FD	1008	0. 257	0. 181	0. 706	0. 036	0. 135	0. 204	0. 324	0. 881
POP	1008	564. 969	321. 488	0. 569	44. 436	337. 221	548. 480	731. 139	1388. 330
IS	1008	5. 624	4. 915	0. 874	1. 095	2. 439	3. 728	6. 533	22. 001

注：①Mean 和 P50 均是样本平均水平的反映，两者越接近说明样本偏移性越小；②CV 代表变异系数，具体为样本均值与标准差的比值，CV 越大变量内部差异越大；③P1、P25、P50、P75、P99 分别代表样本 1%、25%、50%、75%以及 99%分位数。

6. 2. 4. 2　子样本的描述统计

（1）表 6. 3 中改革前后样本的描述统计结果显示：改革后不同县的平均民生支出占比为 45. 70%，要明显高于改革前的 35. 30%，相对增长幅度达到了 29. 46%，而同时期的财政自给水平增长幅度仅为 28. 62%。此外，改革后不同县区的平均财政转移数额由 820. 7447 元增加到 2089. 5850 元，增幅 154. 60%。说明改革对于转移支付增收的影响远甚于对财政自给率提高的影响。

（2）更进一步结合表 6. 4 中改革地区与未改革地区的描述统计结果，能够看出在整个样本期间内，改革地区的平均民生性支出占比仅比未改革地区高出 11. 31%。此外，在平均转移支付水平上，改革地区比起未改革地区也有一定程度的增加。需要注意的是，民生性支出的变异系数在全样本中等于 0. 248，而在改革前的样本中为 0. 230，在改革后的样本中为 CV = 0. 178，说明改革后各县之间在民生性支出水平上的差异有着一定程度的缩小。

表 6.3 纳入改革试点前后样本的描述统计

Variable	N	Mean	SD	CV	P1	P25	P50	P75	P99
	纳入改革试点前（N=118）								
y	118	0.353	0.081	0.230	0.215	0.295	0.334	0.419	0.541
Transfer	118	820.745	319.918	0.390	372.813	588.853	765.267	955.604	1908.508
PGDP	118	8600.924	4066.467	0.473	4038.000	6247.000	7485.000	9618.000	25377.000
FD	118	0.157	0.085	0.541	0.019	0.105	0.140	0.199	0.419
POP	118	484.199	212.397	0.439	141.205	329.206	504.561	608.146	978.589
IS	118	2.303	1.347	0.585	0.919	1.510	2.017	2.348	6.845
	纳入改革试点后（N=386）								
y	386	0.457	0.081	0.178	0.168	0.431	0.477	0.509	0.568
Transfer	386	2089.585	992.345	0.475	632.505	1301.373	1935.309	2683.481	4858.904
PGDP	386	18564.590	8485.024	0.457	6319.000	11884.000	16909.000	23270.000	46323.000
FD	386	0.202	0.111	0.549	0.040	0.130	0.179	0.235	0.577
POP	386	511.281	214.533	0.420	63.628	347.101	535.538	634.518	1098.361
IS	386	3.645	1.989	0.546	1.334	2.312	3.141	4.150	11.432

注：①Mean 和 P50 均是样本平均水平的反映，两者越接近说明样本偏移性越小；②CV 代表变异系数，具体为样本均值与标准差的比值，CV 越大变量内部差异越大；③P1、P25、P50、P75、P99 分别代表样本 1%、25%、50%、75%以及 99%分位数。

表 6.4 纳入改革试点与未纳入改革试点样本的描述统计

Variable	N	Mean	SD	CV	P1	P25	P50	P75	P99
	纳入改革试点样本								
y	504	0.389	0.106	0.273	0.158	0.304	0.389	0.482	0.577
Transfer	504	2147.985	3415.487	1.590	330.723	938.631	1513.081	2430.081	14461.810
PGDP	504	26358.030	16501.410	0.626	5272.000	14258.500	22623.000	34206.000	76626.000
FD	504	0.322	0.214	0.665	0.038	0.164	0.279	0.435	0.939
POP	504	624.998	392.225	0.628	18.947	324.299	613.762	934.082	1412.475
IS	504	7.918	5.835	0.737	0.980	3.491	5.722	11.322	26.107
	未纳入改革试点样本								
y	504	0.433	0.093	0.214	0.191	0.372	0.460	0.500	0.563
Transfer	504	1792.516	1032.859	0.576	450.240	955.556	1591.218	2344.126	4798.468
PGDP	504	16231.830	8762.925	0.540	4532.000	9253.000	14534.500	21523.000	44943.000
FD	504	0.191	0.107	0.559	0.035	0.122	0.174	0.228	0.545
POP	504	504.940	214.132	0.424	63.934	343.499	532.029	618.943	1083.485
IS	504	3.330	1.942	0.583	1.202	2.096	2.746	3.837	10.677

注：①Mean 和 P50 均是样本平均水平的反映，两者越接近说明样本偏移性越小；②CV 代表变异系数，具体为样本均值与标准差的比值，CV 越大变量内部差异越大；③P1、P25、P50、P75、P99 分别代表样本 1%、25%、50%、75%以及 99%分位数。

（3）表6.5显示了对不同地形内的描述统计结果中：丘陵地区在平均民生性支出水平上相对最高（44.30%），其次为山区县（37.20%）、平原县（34.50%）；此外，在平均人均转移支付水平上，山区数额最大（2 982.327元），平原地区数额最少（1288.1350元）；在财政自给能力上，平原地区的区县要明显高于丘陵和山区的县，平原地区的平均财政自给水平为49.65%，而山区和丘陵地区仅分别为23.33%、20.95%，两者均低于平原地区；四川省平原地区人均GDP远高于山区、丘陵，平原和丘陵地区人口密度又远高于山区。

表6.5　根据地形特征的样本描述统计

Variable	N	Mean	SD	CV	P1	P25	P50	P75	P99
	丘陵地区样本								
y	612	0.443	0.093	0.211	0.214	0.390	0.472	0.514	0.577
Transfer	612	1714.010	1066.547	0.622	418.212	908.406	1492.765	2276.900	4787.945
PGDP	612	18941.220	11875.320	0.627	5088.000	10588.000	16477.000	23948.000	56066.000
FD	612	0.210	0.129	0.615	0.041	0.131	0.179	0.242	0.716
POP	612	649.658	233.923	0.360	264.910	493.460	602.702	757.648	1384.021
IS	612	4.604	4.027	0.875	0.955	2.238	3.241	5.051	20.613
	山区样本								
y	252	0.372	0.098	0.264	0.140	0.304	0.385	0.450	0.545
Transfer	252	2982.327	4598.275	1.542	550.323	1220.906	2096.948	3223.478	21599.940
PGDP	252	20395.180	14672.450	0.719	3861.000	9901.500	16215.500	27512.500	76067.000
FD	252	0.233	0.151	0.648	0.023	0.109	0.197	0.339	0.619
POP	252	196.430	106.811	0.544	18.626	104.502	183.892	312.804	375.155
IS	252	5.514	4.419	0.802	1.165	2.469	3.827	6.664	20.211
	平原地区样本								
y	144	0.345	0.087	0.252	0.155	0.286	0.332	0.400	0.559
Transfer	144	1288.135	693.144	0.538	309.300	790.602	1153.286	1645.431	3514.701
PGDP	144	32872.760	16372.470	0.498	10463.000	20037.500	29718.000	42703.000	76626.000
FD	144	0.497	0.227	0.458	0.094	0.318	0.444	0.685	0.991
POP	144	849.984	349.492	0.411	322.794	543.185	844.076	1106.752	1674.368
IS	144	10.156	6.434	0.634	3.149	4.997	7.865	14.216	26.869

注：①Mean和P50均是样本平均水平的反映，两者越接近说明样本偏移性越小；②CV代表变异系数，具体为样本均值与标准差的比值，CV越大变量内部差异越大；③P1、P25、P50、P75、P99分别代表样本1%、25%、50%、75%以及99%分位数。

（4）表6.6显示了对人均GDP分类样本的描述统计结果：人均GDP水平高于中位数的样本在平均民生性支出上为42.30%，而低于样本中位数的样本在平均民生性支出上仅为39.90%；在人均GDP较低的地区，其平均人均转移支付数额要低于人均GDP较高的地区，前者为1431.256元，而后者高达2 509.244元，反映出地区经济发展水平在很大程度上影响转移支付的数额；GDP较高地区的财政自给能力（0.3443）也远高于GDP较低地区（0.1686）。

表6.6 根据人均GDP中位数划分的样本描述统计

Variable	N	Mean	SD	CV	P1	P25	P50	P75	P99
	人均GDP小于中位数的样本								
y	504	0.399	0.103	0.257	0.181	0.308	0.419	0.485	0.560
Transfer	504	1431.256	1048.043	0.732	405.448	769.561	1140.132	1713.840	4837.781
PGDP	504	11217.280	3667.579	0.327	4254.000	8126.000	11260.500	14457.000	17470.000
FD	504	0.169	0.088	0.524	0.033	0.108	0.155	0.211	0.422
POP	504	492.615	240.376	0.488	61.208	324.370	509.044	633.428	1166.972
IS	504	2.946	1.717	0.583	0.945	1.900	2.497	3.425	10.354
	人均GDP大于中位数的样本								
y	504	0.423	0.100	0.236	0.166	0.353	0.446	0.503	0.571
Transfer	504	2509.244	3333.928	1.329	381.391	1359.259	2055.568	2762.359	14461.810
PGDP	504	31372.580	13545.640	0.432	17785.000	22042.000	27463.500	35875.000	76626.000
FD	504	0.344	0.206	0.598	0.054	0.194	0.291	0.449	0.939
POP	504	637.323	372.348	0.584	18.947	365.855	609.160	932.576	1407.942
IS	504	8.303	5.571	0.671	2.200	3.910	6.173	11.485	26.107

注：①Mean和P50均是样本平均水平的反映，两者越接近说明样本偏移性越小；②CV代表变异系数，具体为样本均值与标准差的比值，CV越大变量内部差异越大；③P1、P25、P50、P75、P99分别代表样本1%、25%、50%、75%以及99%分位数。

（5）表6.7显示了对财政自给能力分类的样本描述统计：相较于财政自给能力高的地区，财政自给能力较低的地区在平均民生性支出水平上要略高出2.4630个百分点。此外，在人均转移支付上，也表现出类似结果，财政自给能力低于样本中位数的地区的平均人均转移支付数额为2150.42元，而高于中位数的样本仅为1 790.08元，前者比后者高出20.13%。

上述子样本的描述统计说明：四川省县级人均转移支付在总体上表现出向偏远、落后以及财力较差县域的倾斜，基本体现了转移支付平衡地区财力和改善公共物品供给不均的初衷；四川省县级民生性支出与区位因素、县级财政能力、县域经济水平联系紧密；县域民生性财政支出的占比以丘陵、山区以及财政自给能力弱的地区较高，而平原与经济发展水平较高的地区相对较低。

表 6.7 根据财政自给能力中位数划分样本的描述统计

Variable	N	Mean	SD	CV	P1	P25	P50	P75	P99
	财政自给能力小于中位数的样本（N=504）								
y	504	0. 416	0. 106	0. 255	0. 166	0. 333	0. 447	0. 499	0. 572
Transfer	504	2150. 420	3362. 702	1. 564	491. 880	964. 698	1517. 901	2433. 792	14461. 810
PGDP	504	14421. 350	7596. 211	0. 527	4368. 000	8476. 000	12763. 000	18153. 000	37636. 000
FD	504	0. 131	0. 046	0. 350	0. 028	0. 099	0. 135	0. 169	0. 202
POP	504	502. 552	259. 492	0. 516	18. 947	324. 933	520. 538	634. 311	1378. 866
IS	504	3. 189	2. 211	0. 693	0. 945	1. 926	2. 568	3. 637	12. 680
	财政自给能力大于中位数的样本（N=504）								
y	504	0. 406	0. 097	0. 240	0. 205	0. 327	0. 417	0. 491	0. 568
Transfer	504	1790. 080	1192. 827	0. 666	330. 723	913. 907	1581. 562	2349. 003	6132. 654
PGDP	504	28168. 510	15750. 400	0. 559	7000. 000	16459. 000	24656. 500	34812. 000	76626. 000
FD	504	0. 382	0. 179	0. 467	0. 205	0. 242	0. 324	0. 450	0. 939
POP	504	627. 386	363. 003	0. 579	45. 556	365. 855	609. 160	916. 692	1412. 475
IS	504	8. 060	5. 620	0. 697	1. 930	3. 775	5. 997	11. 127	26. 107

注：①Mean 和 P50 均是样本平均水平的反映，两者越接近说明样本偏移性越小；②CV 代表变异系数，具体为样本均值与标准差的比值，CV 越大变量内部差异越大；③P1、P25、P50、P75、P99 分别代表样本 1%、25%、50%、75%以及 99%分位数。

6.3 模型建立与实证分析

6.3.1 基于民生财政的假设检验

在对四川省直管县改革的政策效应评估上，结合前文描述统计分析中不同类别样本的属性特征，进行了以下设计以考察具体的政策效应：

（1）为考察四川省省直管县改革对民生性支出比例的影响，利用全样本数据分别进行了 4 组不同估计方法下的模型构建，其中在固定效应模型和随机效应模型的选择比较上，根据 Hausman 检验结果确定何者更优。在随机效应和混合效应模型的选择比较上，则根据 BP-LM 检验结果进行判断。此外为了验证结果的稳健性，更进一步给出了政策效应评估的倍差分模型估计结果。需要注意的是，由于实际人均 GDP 与财政自给能力变量可能存在内生性问题，为了确保结果的可靠性，本研究采用两者的滞后 1~2 阶作为工具变量以减轻可能存在的内生性问题，同时给出了工具变量是否有效的 sargan 检验结果。

（2）采用不同地形特征的样本，利用固定效应模型和倍差分模型分别考察位于平原、丘陵以及山地等地形县级民生性支出影响因素，需要注意的是，不论是固定效应模型还是倍差分模型，两者均控制了个体和时间效应，两者的差别在于省直管县改革变量的生成方式，固定效应模型中直管县改革变量是改革前后哑变量 *D*1 的反映，而倍差分模型中直管县改革变量是反映改革前后的哑变量 *D*1 与反映控制组实验组的哑变量 *D*2 的交叉乘积项。

（3）结合地区经济发展水平的差异情况，同样利用固定效应模型和倍差分模型分别考察人均 GDP 高于（包括等于）中位数的样本以及低于中位数的样本这两种情况下影响民生性支出的因素。

（4）结合地区财政自给能力水平的差异，利用固定效应模型和倍差分模型分别考察财政自给能力高于（包括等于）样本中位数和低于样本中位数的子样本的民生性支出影响因素。

（5）结合全样本回归结果和各子样本回归结果，对四川省省直管县改革是否有利于改善民生问题做出具体判断和结论。

在对四川省省直管县改革的政策效应估计前，结合样本数据的面板特征，本研究依旧采用了豪斯曼检验和 BP-LM 检验用以确定固定效应模型、混合效应模型以及随机效应模型何者更优的问题，在相对最优模型的基础上给出模型的经济含义解释。

更具体来看，可以通过豪斯曼检验判断采取固定效应模型或是随机效应模型，其原假设认为固定效应和随机效应的估计结果是与系统一致的，如果豪斯曼检验统计量在临界值范围内则接受原假设，应当采用随机效应模型拟合样本数据；反之，如果豪斯曼检验统计量大于临界值则拒绝原假设，应当采用固定效应模型进行估计（Hausman&Kuersteiner，2008）。在固定效应模型与随机效应模型的比较和选择问题上，采用 BP-LM 检验进行比较。BP-LM 检验的原假设可以理解为混合效应估计优于随机效应估计，因此拒绝原假设对应于采用随机效应估计量，反之接受原假设则应当采用混合效应估计量（Breusch& Pagan，1980）。

6.3.1.1 四川省省直管县改革对民生财政影响的整体效果检验

表 6.8 给出了四川省 112 个县样本数据的政策效应模型的估计结果，根据模型的系数估计值可以看出：

表 6.8 全样本面板回归模型估计结果

解释变量	固定效应	随机效应	倍差分	2SLS
省直管县改革	0.022**	0.029***	0.011*	0.018**
	(2.44)	(2.90)	(1.83)	(2.25)
转移支付×省直管县改革	0.025***	0.026***	0.012*	0.041***
	(3.13)	(2.60)	(2.00)	(5.13)
转移支付	0.128***	0.121***	0.141***	0.055***
	(8.00)	(6.37)	(11.75)	(4.58)
财政支出分权	-0.174***	-0.192***	-0.182***	-0.171***
	(-10.88)	(-10.11)	(-13.00)	(-9.50)
财政支出分权×省直管县改革	-0.073***	-0.077***	-0.064***	-0.087***
	(-4.29)	(-3.67)	(-3.77)	(-6.70)
财政自给率	0.047***	0.023**	0.047***	0.032*
	(5.88)	(2.56)	(5.88)	(1.78)
人口密度	0.112***	0.044***	0.117***	0.063***
	(3.73)	(5.50)	(4.03)	(3.00)
产业非农化	-0.068***	-0.058***	-0.068***	-0.037*
	(-5.67)	(-4.83)	(-5.67)	(-1.76)
人均 GDP	0.070***	0.030**	0.073***	-0.005
	(5.83)	(2.31)	(6.08)	(-0.11)
常数项	-0.624***	-0.023	-0.671***	0.225
	(-3.61)	(-0.17)	(-4.25)	(0.52)
N	1008	1008	1008	784
时间效应	控制	控制	控制	控制
个体效应	控制	—	控制	控制
R^2	0.854	0.451	0.853	0.884

表6.8(续)

解释变量	固定效应	随机效应	倍差分	2SLS
F 统计量	70.297	—	70.779	—
豪斯曼统计量	—	3221.326	—	7257.502

注：①考虑到部分解释变量与被解释变量在绝对数值上相差较大，并且为了使得变量更加平稳、减小模型可能存在的异方差情况，对模型中所有数值型解释变量均做了自然对数化处理；②固定效应模型的豪斯曼检验统计量为 168.516（p<0.01），随机效应模型的 BP-LM 检验统计量为 629.19（p<0.01），2SLS 回归模型中工具变量的有效性检验 Sargan 统计量对应的 P 值为 0.207；③考虑到 PGDP 以及 FD 可能存在的内生性问题，在 2SLS 回归中本研究采用两者各自的滞后 1~2 期作为对应的工具变量以控制内生性问题；④ * 代表 p<0.10，** 代表 p<0.05，*** 代表<0.01，括号内为 T 统计量。

（1）在面板固定效应估计量、随机效应估计量以及混合效应估计量的选择上，Hausman 检验和 BP-LM 检验统计量对应的数值分别为 168.516（P<0.01）、629.19（P<0.01），根据检验结果应当分别拒绝固定效应估计量优于随机效应估计量、混合效应估计量优于随机效应估计量的原假设，最终采用固定效应模型作为研究模型；

（2）结合模型中各个变量的系数估计值，固定效应模型的估计结果显示出省直管县改革对民生性支出有着显著性的正向影响，政策效应显著（$\gamma_0=0.022$，P<0.05）。在不考虑改革调节作用的情况下，可以发现：转移支付对县级民生性支出有明显促进作用，而向县级的财政支出分权则效果相反。分权如何在改革中发生调节作用的相关检验显示：通过以转移支付增收为主的财政收入分权的调节，县级民生性支出占比得到了显著提升（$\gamma_1=0.025$，P<0.1）；而省内财政支出分权的调节，对县域民生性财政支出表现出显著的抑制作用（$\gamma_2=-0.073$，P<0.1）。可见，虽然改革后转移支付增收使民生改革效果显著，但是县级财政支出的结构性偏差所带来的负面影响进一步加深。

另外值得注意的是，控制变量中 PGDP、FD 和 POP 的系数估计值分别为 0.070（P<0.01）、0.047（P<0.01）和 0.112（P<0.01），说明县域经济发展、县级财政自给能力、县域人口规模与县域民生改善呈显著正相关关系。控制变量 IS（城镇化水平指标）的系数估计值为-0.068（P<0.01），表明城镇化程度与县域民生改善呈现显著负相关关系。可见，县域城镇化进程中，第二、三产业发展所需生产性公共物品的投入会变相挤占服务性公共物品投入所需的财政资源，生产性公共物品与服务性公共物品的投入

呈现此消彼长的关系。

（3）在表 6.8 的稳健性检验结果中，倍差分估计的结果依旧反映出省直管县改革对县级民生性财政支出存在显著改善（$\gamma_0=0.011$，$P<0.10$）。同时，转移支付以及财政支出分权等在改革中均表现出了不同程度的调节作用。对于改革而言，转移支付对民生性支出改善的调节强度为 $\gamma_1=0.012$（$P<0.1$）；而财政支出分权对民生性支出改善的抑制程度表现为 $\gamma_2=-0.064$（$P<0.01$）。

6.3.1.2 四川省省直管县改革对不同类别县域民生财政影响的效果检验

（1）改革对处于不同地理区位县的民生财政的影响。考虑到样本中涉及的县域范围较广以及分布区位的不同，本研究对按地理地貌特征划分后的子样本继续进行了相应的回归检验，具体模型估计结果见表 6.9。

从 3 组模型的豪斯曼检验结果来看，在固定效应估计量和随机效应估计量的比较中，豪斯曼检验统计量均在 1%的水平下拒绝了原假设，即建议采用固定效应估计量作为研究模型。

根据表 6.9 中不同地形区域样本的估计结果来看，省直管县改革对不同地理特征试点县的民生性支出均有着显著的改善作用，但从改善的强度来看，改革对山区试点县的作用更大（$\gamma_0=0.039$，$P<0.10$），其次为平原试点县（$\gamma_0=0.019$，$P<0.05$），最后为丘陵试点县（$\gamma_0=0.016$，$P<0.05$）。此外，揭示分权如何在改革中发生调节作用的相关检验显示：省直管县改革中转移支付的调节，对三类试点县民生性支出均产生了显著的正向促进作用，而受到正面促进作用较显著的依次为丘陵县（$\gamma_1=0.030$，$P<0.01$）、山区县（$\gamma_1=0.029$，$P<0.01$）、平原县（$\gamma_1=0.065$，$P<0.01$）；同时，省直管县改革中省内财政支出分权的深化，对丘陵县、山区县的民生财政支出表现出显著的抑制作用，其抑制作用的强度分别为 $\gamma_2=-0.093$（$P<0.01$）、$\gamma_2=-0.078$（$P<0.01$）。

表 6.9 省直管县改革对不同地形县域的民生性支出影响

解释变量	固定效应模型			倍差分模型		
	丘陵	山区	平原	丘陵	山区	平原
省直管县改革	0.016 **	0.039 *	0.019 **	−0.006	0.011 **	0.021
	(2.67)	(1.77)	(2.11)	(−1.50)	(2.20)	(1.50)
转移支付×省直管县改革	0.030 ***	0.029 ***	0.065 ***	0.019 ***	0.013 *	0.052 ***
	(3.75)	(2.90)	(3.42)	(3.17)	(1.86)	(2.89)

表6.9(续)

解释变量	固定效应模型			倍差分模型		
	丘陵	山区	平原	丘陵	山区	平原
转移支付	0.113 ***	0.123 **	0.047 *	0.121 ***	0.126 **	0.052
	(4.71)	(2.32)	(1.81)	(4.84)	(2.42)	(1.49)
财政支出分权	-0.171 ***	-0.185 ***	-0.125 ***	-0.176 ***	-0.184 ***	-0.130 ***
	(-7.44)	(-8.81)	(-4.17)	(-8.00)	(-9.68)	(-4.48)
财政支出分权×省直管县改革	-0.093 ***	-0.078 ***	-0.042	-0.083 ***	-0.075 ***	-0.033
	(-8.46)	(-5.57)	(-1.50)	(-9.22)	(-5.36)	(-1.27)
财政自给率	0.028 ***	0.042 ***	0.035 ***	0.030 ***	0.044 ***	0.035 ***
	(2.80)	(5.25)	(3.89)	(3.00)	(8.80)	(4.38)
人口密度	0.108 ***	0.090 *	0.014	0.106 ***	0.071 *	0.027
	(3.72)	(1.84)	(0.13)	(3.79)	(1.87)	(0.21)
产业非农化	-0.054 ***	-0.036 ***	-0.125 ***	-0.056 ***	-0.034 ***	-0.126 ***
	(-3.60)	(-3.60)	(-20.83)	(-3.73)	(-5.67)	(-6.00)
人均 GDP	0.044 ***	0.092 **	0.053	0.046 ***	0.096 ***	0.058 *
	(7.33)	(2.71)	(1.36)	(7.67)	(3.31)	(2.15)
常数项	-0.585 ***	-0.797 **	-0.021	-0.576 ***	-0.733 ***	-0.142
	(-3.85)	(-2.42)	(-0.04)	(-3.79)	(-3.29)	(-0.15)
N	612	252	144	612	252	144
时间效应	控制	控制	控制	控制	控制	控制
个体效应	控制	控制	控制	控制	控制	控制
R^2	0.821	0.768	0.686	0.821	0.766	0.687
F 统计量	278.46	633.23	88.58	523.18	1393.51	101.64
豪斯曼统计量	60.53 ***	31.885 ***	24.836 ***	58.16 ***	15.16 ***	24.772 ***

注：①考虑到部分解释变量与被解释变量在绝对数值上相差较大，并且为了使得变量更加平稳、减小模型可能存在的异方差情况，对模型中所有数值型解释变量均做了自然对数化处理；②需要注意的是，不论固定效应模型还是倍差分模型，两者均控制了个体和时间效应，两者的差别在于省直管县改革变量的生成方式，前者是改革前后哑变量 D1 的反映，后者是反映改革前后的哑变量 D1 与反映控制组实验组的哑变量 D2 的交叉乘积；③ * 代表 $p<0.10$，** 代表 $p<0.05$，*** 代表 <0.01，括号内为 T 统计量。

除此之外，不论是丘陵、山区还是平原地区，转移支付对民生性支出的改善都表现出了显著的正向调节作用，而财政支出分权对民生性支出结构改善有显著的负向影响。并且在对民生性支出的影响上，不论是转移支付还是财政支出分权的调节作用，丘陵和山区县相对受到的影响更大，而平原地区受到的影响较小。

最后需要注意的是，在借助倍差分模型进行的稳健性检验结果中，改革对民生性支出的促进作用仅在山区地形县中有所体现，其强度为 γ_0 = 0.011（P<0.10），而观测丘陵和平原地区的样本，则未发现改革对民生性支出的显著性影响。除此之外，在其他各个解释变量系数估计值的正负符号以及显著性水平上，倍差分模型与固定效应模型的结果基本一致。

（2）改革对处于不同经济发展水平县的民生财政影响。同理，本研究根据四川省不同县的人均 GDP 水平情况，按照中位数划分原则，将四川省共 1008 个样本分别划分成了包含 504 个样本的子样本，针对子样本本研究建立了相应的面板回归模型，结果见表 6.10。

表 6.10 中的结果显示，在模型形式的选择上，Hausman 检验统计量依旧在 1%的水平下拒绝了原假设，说明相比较随机效应模型，固定效应模型能够更好地拟合样本数据。

表 6.10 省直管县改革对不同经济水平县域的民生性支出影响

解释变量	固定效应模型		倍差分模型	
	PGDP≥中位数	PGDP<中位数	PGDP≥中位数	PGDP<中位数
省直管县改革	0.014*	0.019**	0.017*	0.004
	(1.75)	(2.11)	(1.70)	(0.57)
转移支付×省直管县改革	0.025***	0.036**	0.019***	0.013
	(4.17)	(2.00)	(9.50)	(0.81)
转移支付	0.022	0.125***	0.022	0.187***
	(1.00)	(5.21)	(0.79)	(10.39)
财政支出分权	−0.111***	−0.195***	−0.112***	−0.212***
	(−6.53)	(−10.83)	(−16.00)	(−7.57)
财政支出分权×省直管县改革	−0.065***	−0.098***	−0.063***	−0.074***
	(−3.82)	(−7.54)	(−7.00)	(−4.11)
财政自给率	0.071***	0.018*	0.070***	0.028*
	(7.89)	(1.80)	(17.50)	(2.00)
人口密度	−0.013	0.213***	−0.016	0.238***
	(−0.52)	(8.19)	(−0.62)	(5.67)

表6.10(续)

解释变量	固定效应模型		倍差分模型	
	PGDP≥中位数	PGDP<中位数	PGDP≥中位数	PGDP<中位数
产业非农化	-0.069***	-0.021**	-0.068***	-0.033**
	(-2.88)	(-2.33)	(-4.53)	(-2.06)
人均 GDP	-0.016	0.028**	-0.013	0.085***
	(-0.57)	(2.33)	(-1.30)	(5.31)
常数项	0.776**	-1.077***	0.755***	-1.637***
	(2.54)	(-4.31)	(5.95)	(-5.02)
N	504	504	504	504
时间效应	控制	控制	控制	控制
个体效应	控制	控制	控制	控制
R^2	0.628	0.815	0.628	0.807
F 统计量	115.387	1657.895	955.786	912.433
豪斯曼统计量	66.432***	95.694***	160.831***	96.625***

注：①考虑到部分解释变量与被解释变量在绝对数值上相差较大，并且为了使得变量更加平稳、减小模型可能存在的异方差情况，对模型中所有数值型解释变量均做了自然对数化处理；②需要注意的是，不论固定效应模型还是倍差分模型，两者均控制了个体和时间效应，两者的差别在于省直管县改革变量的生成方式，前者是改革前后哑变量 D1 的反映，后者是反映改革前后的哑变量 D1 与反映控制组实验组的哑变量 D2 的交叉乘积；③ * 代表 $p<0.10$，** 代表 $p<0.05$，*** 代表<0.01，括号内为 T 统计量。

以固定效应模型为例，省直管县改革对两个子样本中的县级民生性支出均有着显著的正向影响关系，其中，在人均 GDP 高于中位数的样本中，其系数估计值为 $\gamma_0=0.014$（$P<0.10$），而在人均 GDP 低于中位数的样本中，其系数估计值为 $\gamma_0=0.019$（$P<0.05$）。此外，分权如何在改革中发生调节作用的相关检验显示，财政分权的调节性作用在这两类地区存在分异：首先，转移支付和财政支出分权在改革中均发挥了显著的调节作用；其中，转移支付效用的调节产生了显著的正向影响，而其对人均 GDP 高于（包括等于）中位数样本（$\gamma_1=0.025$，$P<0.01$）的影响低于人均 GDP 低于中位数的样本（$\gamma_1=0.036$，$P<0.05$）；支出分权的调节作用产生了显著的负向影响，而人均 GDP 高于（包括等于）中位数样本（$\gamma_2=-0.065$，$P<0.01$）

所受影响低于人均 GDP 低于中位数样本（γ_2 =-0.098，P<0.01）。

需要警惕的是，在倍差分模型的稳健性检验结果中，省直管县改革仅对经济发展水平相对较好县有着正向影响（γ_0 =0.017，P<0.10），并且转移支付对改革的正向调节作用也仅仅体现在了经济发展水平相对较好县的样本上。除了上述"异常"表现，倍差分模型得出的结论与固定效应模型基本一致。

（3）改革对处于不同财政能力县的民生财政影响。在针对四川省不同县县级财政自给能力水平而划分的子样本回归分析中，表 6.11 结果显示：不论是财政自给能力弱（FD<中位数）的样本，还是财政自给能力强（FD≥中位数）的样本，针对模型形式选择的豪斯曼检验统计量均在 1%的水平下拒绝了原假设，因此本研究选择固定效应估计量作为研究的主要模型。

表 6.11　省直管县改革对不同财政能力县域的民生性支出影响

解释变量	固定效应模型		倍差分模型	
	FD≥中位数	FD<中位数	FD≥中位数	FD<中位数
省直管县改革	0.018***	0.019**	0.017**	-0.003
	(3.60)	(2.38)	(2.43)	(-0.75)
转移支付×省直管县改革	0.019***	0.035***	0.015***	0.024***
	(3.80)	(4.38)	(5.00)	(3.43)
转移支付	0.119***	0.073*	0.083***	0.084*
	(3.97)	(1.70)	(3.61)	(1.79)
财政支出分权	-0.165***	-0.190***	-0.158***	-0.195***
	(-23.57)	(-10.00)	(-11.29)	(-10.83)
财政支出分权×省直管县改革	-0.019*	-0.121***	-0.003	-0.112***
	(-1.90)	(-5.76)	(-0.21)	(-5.90)
财政自给率	0.073***	0.01	0.065***	0.012
	(4.29)	(1.43)	(3.25)	(1.33)
人口密度	0.074*	0.105***	0.028	0.107***
	(1.95)	(4.20)	(0.90)	(4.28)

表6.11（续）

解释变量	固定效应模型		倍差分模型	
	FD≥中位数	FD<中位数	FD≥中位数	FD<中位数
产业非农化	−0.077***	−0.036***	−0.056***	−0.035***
	(−9.63)	(−6.00)	(−5.60)	(−5.00)
人均 GDP	0.080***	0.031***	0.023	0.031***
	(2.96)	(10.33)	(0.66)	(7.75)
常数项	−0.602	−0.504***	0.129	−0.506***
	(−1.32)	(−3.91)	(0.28)	(−3.52)
N	504	504	504	504
时间效应	控制	控制	控制	控制
个体效应	控制	控制	控制	控制
R^2	0.668	0.827	0.686	0.826
F 统计量	598.12	192.84	112.43	175.65
豪斯曼统计量	267.063***	70.29***	283.779***	80.622***

注：①考虑到部分解释变量与被解释变量在绝对数值上相差较大，并且为了使得变量更加平稳、减小模型可能存在的异方差情况，对模型中所有数值型解释变量均做了自然对数化处理；②需要注意的是，不论固定效应模型还是倍差分模型，两者均控制了个体和时间效应，两者的差别在于省直管县改革变量的生成方式，前者是改革前后哑变量 D1 的反映，后者是反映改革前后的哑变量 D1 与反映控制组实验组的哑变量 D2 的交叉乘积；③ * 代表 $p<0.10$，** 代表 $p<0.05$，*** 代表 <0.01，括号内为 T 统计量。

同理，以固定效应模型为例，省直管县改革对两个子样本中的民生性支出均有着显著的正向影响关系，其中，在财政自给能力强样本中，其系数估计值为 $\gamma_0=0.018$（$P<0.01$），而在财政自给能力弱的样本中，其系数估计值为 $\gamma_0=0.019$（$P<0.05$），两者差别较小。但在转移支付的正向调节作用上，两者呈现显著差别：在财政自给能力强的样本中，转移支付的调节强度为 $\gamma_1=0.019$（$P<0.01$），而在财政自给能力弱的样本中，这一调节强度显著上升到 $\gamma_1=0.035$（$P<0.01$），后者是前者的 1.84 倍。同样的大幅度差异也表现在了财政支出分权在改革中的负向调节作用：对财政自给能力较强县，财政支出分权的调节强度为 $\gamma_2=-0.012$（$P<0.10$）；对财政自给能力较弱县，财政支出分权的调节强度为 $\gamma_2=-0.121$（$P<0.01$），后者

是前者的 6.37 倍。

需要注意的是，区别于固定效应模型，在倍差分模型的稳健性检验结果中，省直管县改革仅对财政自给能力强的县有着显著的正向影响（$\gamma_0 = 0.017$，$P<0.05$），并且财政支出分权对改革的抑制作用仅体现在财政自给能力弱的样本上。此外，倍差分模型在其他控制变量的显著性水平下比固定效应模型有着更好的表现，但系数估计值的符号基本一致。

6.3.2 基于倾向性匹配的倍差分模型

与第五章一致，为排除样本选择的非随机性影响，以检验前文结论的可靠性，研究对原始样本进行了倾向性匹配得分分析（Rosenbaum and Rubin，1983；Caliendo and Kopeinig，2008），筛选出了匹配样本（需要注意的是，匹配的样本在经济发展水平等一系列因素上基本一致，不存在较大的差异），进而在匹配样本的基础上再次验证了本书 6.3.1 中内容。其中倾向性匹配得分的具体做法为：首先根据 Probit 或者 Logit 模型计算出每个县的倾向得分 P（X）（即其他特征变量 X 给定的情况下，一个县实施改革的预测概率），然后据此将改革县（实验组）和非改革县（对照组）样本进行匹配，以匹配成功后即综合特征最相近的非改革县的结果作为改革县的对照样本。

在基于倾向性匹配得分的双重差分检验中，通过倾向性得分匹配的办法筛选出了变量水平相对一致的实验组和对照组并再次进行了 DID 检验，而通过匹配得分后的 PSM-DID 估计结果与本书 6.3.1 原样本的估计结果并无明显差异，因此，本研究认为模型的估计结果是稳健的，原样本实验组与对照组在变量之间存在的显著性差异并未影响本书 6.3.1 中结论的真实可靠性。为避免在正文中过度重复的描述，这部分检验结果在本书附录中呈现，具体参见附录 2。

6.4 基于实证结果的研究分析与小结

6.4.1 省直管县改革的制度绩效：基于民生改善视角

与前文分析保持一致，研究在结论中仍旧以倍差分模型的检验结果为主进行分析。通过实证研究发现，四川省省直管县改革通过下放经济管理权限、财政扩权等方式对相关县的民生性财政支出有显著改善的作用，验证了假设一中提出的四川省省直管县改革与民生性支出改善正相关。

进一步研究表明，财政收入分权与财政支出分权在改革中对民生支出的调节作用表现出明显的非对称性。其具体作用机制如下：

（1）在以转移支付为代表的财政收入分权一侧，财政转移支付对改善民生的调节性作用在四川省省直管县改革中得到了较好的发挥，证实了假设一所提出的四川省省直管县改革对民生改善的影响中，转移支付失灵的“纠偏”在其中发挥正向调节作用。本研究认为其作用发挥的原因在于县级政府财政地位的显著提高，为其在改革后能够更顺畅地获取更多财政转移支付资金创造了有利的外部条件，有利于民生性支出的财源扩大。

对于县级的财政转移支付既是我国县级财政收入的重要来源，也是县级民生性支出的核心财源。长期以来，由于县乡的经济事务决策权和财政资金管理权大多直接或间接受到所在地市政府的控制，改革政策中具有支出分权特征的“经济扩权”使基层政府拥有了实质意义上的经济决策权，有利于农村地区获取更多的以弥补支出责任缺口为目标的财政转移支付以及要求财力配套的专项转移支付；改革中具有收入分权特征的“财权下放”则意味着可供民生性财政支出财源的直接扩大，因为其在一定程度上实现了县级财政与省级财政的直接联系，阻碍了市一级对转移支付资金的截留并更有效地传达了基层的财政资金诉求，改善了县乡基层政府财权与事权不匹配的现象，使其更加顺畅地获得了更多转移支付资金。

（2）在财政支出分权一侧，财政支出分权在四川省全省县域范围内的省直管县改革对民生改善存在显著的抑制作用。本研究认为其抑制作用的发挥在于改革后，县级经济管理权限和支出责任的同时扩大化，更进一步加剧了县级财政支出结构上“重基建而轻民生”的偏好，而限制了县级政府在财政支出中主动的“为民着想”行为，产生了县级政府之间为争夺发展资源而进行的财政支出竞争行为，即一般意义上的“为增长而竞争”。

结合第五章改革对经济增长影响的检验，进一步证实了改革中支出分权对经济增长的积极影响，对民生财政的支出产生了一定程度的挤占效应。研究结论中县域产业的城镇化进程与民生支出的负相关关系也从侧面上验证了这一结论。因此，改革显著强化了为增长而竞争的财政支出结构扭曲，以经济扩权为代表的支出分权虽然赋予了县级政府更大的管理权限和支出责任，但是这部分权力的运用显著倾斜于可拉动经济增长的基础建设类及相关支出。

显然，在激励机制并未发生根本性转变的局面下，省直管县改革并不可能改变县级财政“为晋升而增长、为增长而竞争、为竞争而支出”所产生的竞争性支出特征。特别地，在扩权以后管理权限与支出责任的扩大反而会为这种晋升带来前所未有的机会，由此也不难解释为什么改革进一步强化了县级政府在支出结构上的“轻民生”特征了。

6.4.2 改革对于不同类型县的县域民生改善影响差异

以上结论显示，改革效果在经济发展水平、财政自给能力以及地理区位条件不同的组别存在显著差异，验证了假设三所提出的四川省省直管县改革对县级民生性财政支出的影响受经济发展程度、县级财政能力以及地理资源特征的制约。

而财政分权作用的发挥也明显受到经济发展水平、财政自给能力以及地理区位条件的制约，同时收入分权和支出分权的调节作用也进一步表现出不对称性。其中财政收入分权通过转移支付失灵现象的“纠偏”发挥了一定程度的积极调节作用，而支出分权则显现出对转移支付以及省直管县改革的抑制效果，其具体情况如下：

（1）在按地理类型划分的结论中可以发现，四川省省直管县改革仅对山区地区的民生性财政支出起到了显著的改善作用。在四川省丘陵地区和平原地区，省直管县改革虽然进一步调节了财政转移支付的改善性作用，但是在总体上改革的改善效果仍未呈现，其原因或在于虽然改革后转移支付的增收提高了民生性财政支出占比，但是支出责任的扩大化和改革后扩权引发的财政支出分权在支出结构上向生产性公共物品的进一步偏差，导致了转移支付带来的占比提升仍然难以弥补这两个原因导致的民生支出缺口的扩大，即支出责任的扩大化和支出结构上对民生性支出占比的缩减。

而对山区地区的改善作用主要源于改革后转移支付资金渠道的畅通使得人口密度低、转移支付总量大的山区地区成了政策红利的最大赢家，再次验证了研究假设中转移支付对“纠偏”所起的重要调节性作用。

（2）在按财政自给能力划分的结论中可以发现，改革在财政自给率不同组别表现的显著性差异也大致如上所述。即财政自给率相对高的地区，其财政缺口相对小，“转移支付依赖”特征相对弱，转移支付渠道的畅通带来的服务性公共物品支出资金的增加有效弥补了相关项目的支出缺口。另外，这部分地区支出分权表现出的对民生建设的抑制作用在改革后虽未改善，但是也并未强化。而财政自给率低的组别中，支出分权的抑制作用恰恰在改革后得到了强化。

由此推断，改革对财政自给能力较强地区的改善作用，主要源于改革后转移支付资金的增收，即收入分权所发挥的作用。而对财政自给能力弱的地区并未呈现任何显著效果则源于财政支出分权的抑制作用：这部分地区本来财政缺口相对大，而改革又强化了这部分地区在财政支出上的结构性偏差，从而抵消了改革后转移支付带来的改善作用。可见，直管县改革对民生改善的作用也受到财政能力强弱的制约，改革有利于财政能力强的地区改善民生财政支出。但是值得注意的是，这种在公共服务供给侧上的结构调整和改善，其原动力并非来源于支出结构的改善，而主要来自对转移支付失灵的纠正。

（3）在按经济发展水平分类的结论中可以发现，省直管县改革对民生财政的影响也明显受到县域经济发展程度的制约。与按财政能力分组的情况类似：改革对经济发展水平相对高的县级民生财政表现出明显的改善作用，而对经济发展水平相对低的县级民生财政则未表现明显的改善或抑制作用。值得注意的是，与财政分组的结论有所不同的是，改革对经济发展水平较低地区的转移支付也未表现出良性的引导作用，这也意味着经济上处于弱势的县域地区并未通过“财政直管”实现转移支付渠道的疏通，或者说这部分县的县级转移支付资金“增收”并未落实于民生财政的改善。通过深入分析这部分地区的改革背景，可以发现经济落后县域的改革目标主要在于财政解困和经济增长。由此判断，在仍然以经济增长为核心的考核体系下，经济滞后地区的县域暂时还难以通过省直管县体制改革来改善其民生性财政支出。

7 省直管县改革的深化与完善：基于实证结果的政策建议

前文基于对省直管县改革的机理分析和实证检验，解析了省直管县改革对县域经济绩效提升和民生性财政改善的具体作用机制，并进一步建立了具有地区适应性的分析框架。本研究发现了改革向纵深推进的过程中存在的风险与制度障碍，本章据此提出相应的政策建议。

7.1 完善与深化省直管县改革的建议

基于实证的基本结论，本研究认为省直管县改革具有向纵深推进的必要性，但是一方面需要继续寻找途径解决财政收支分权的非对称性作用，另一方面则需要依据县域条件进行“分类推进、分类改革”以更全面而精准地建立改革在“稳增长、调结构、惠民生”上的长效机制。

7.1.1 理顺省内府际关系，建立权力监督体系

省直管县改革不仅是对政府间纵向层级关系的变更，同时也是省、市、县三个政府主体利益关系的重新“洗牌”。在各级政府利益博弈的过程中，极有可能发生权力下放不到位、财权与行政权力下放完全不匹配等问题，造成改革推进中财政收支分权的作用不对称，从而束缚改革步伐，无法充分激发县域发展活力。

本研究显示，改革过程中获得行政权力下放的省直管县个数相当少，因此，县一级在行政层面的直接上级则仍是“市”一级，但是在经济管理权或财政上又是面对“省”一级，极易造成县一级在处理工作中直接面对“两个上级”或是省、市之间在管理责任上的相互推诿，有碍财政体制运行

效率的提高。另外，来自四川省的经验证据显示，未下放行政权力会导致县级的人事任免权仍然把握在市一级，部分财力弱县的财政负担可能进一步加重。再者，由于权力下放不完整也存在政策难以落实的局面。因此，本研究建议省以下财政体制改革要注意行政权力与财政权力以及支出责任的配套，才能切实提高行政效率和划分支出范围。改革仍需进一步理清省以下权力分配体系，大力解决行政权力、财权、事权的不匹配而造成的权力错位与利益博弈等问题。

因此为了切实提高行政效率和划分责任范围，需要从以下几方面进一步理顺省以下政府间关系：清晰划分事权、财权和人事权边界，明确权责清单，全面实现省县对接；加强对改革试点县的工作指导，协调解决具体困难和问题，尽快理顺省直管县的运行机制；成立专门工作组，定期实地调研，听取汇报，省直管县改革工作领导小组定期召开省直管县改革专题会议，总结改革试点中各环节的经验和问题，系统评估改革试点绩效；建立完整的信息流通与反馈机制，以便及时调整政策、合理修正偏差，完善配套制度，进而优化省直管县实施方案，促进省直管县改革有序、高效运行。

同时，省直管县改革可能面临使权力监督体系失衡的风险，必须建构新的全面整合的权力制衡机制，在干部交流机制方面实施一定的调整：一是扩展省各厅局与改革县“上挂”“下派”规模与干部级别，以便省与改革县间工作的顺利对接和强化省对改革县的工作指导；二是适度扩展省、市间的“上挂”“下派”规模，强化市对省直管县改革的支持与配合；三是扩展省、市与改革县间的领导干部交流，充实和强化改革县主要领导干部力量。

7.1.2 明确政府支出责任，深化省内支出分权

在财政体制改革中进一步明确各级政府支出责任和边界划分，避免“职责同构”“政绩同构”等现象带来的县级支出责任过重，可以有效扭转县级支出结构偏差等问题。省直管县改革的主要内容是将原属于地级市的经济社会管理权限下移至县域，并逐步进行由财政过渡到行政的“省直管”，充分尊重县级政府作为微观资源配置主体的确定性和完整性。若缺乏对中央垂直部门权力下放范围和尺度的精确界定，忽视改革配套衔接机制设计，最有可能的结果便是垂直部门不积极配合省直管县改革试点的工作。

但从实践的情况来看，省直管县改革试点思路甚少涉及垂直管理部门的权力重构，特别是在支出责任的划分上，政策意见较为模糊。因此，条块关系是否顺畅是完善和深化省直管县改革必须面对的问题，其核心是垂直管理部门在省直管县改革中的合理定位。来自四川省的经验证据同样显示，改革后支出分权继续引致的增长失衡也在于“依责任定权力”的机制并未建立，虽然省与县的财政直接对接使分税制进一步向下贯彻，但是各省在界定省、市、县之间支出责任上的相应规定模糊不清，可能导致县级，尤其是财力弱县获得的财力改善反而不能弥补其支出责任的进一步扩大。因此，改革还需对省以下财政支出分权的进一步深化来解决县级财政支出的弊端。

具体来讲，省以下分权体系的进一步深化一是要在省以下财政体制改革中进一步依据政府级别来界定纵向上各级政府的支出责任边界，做到不同层级政府间的“职责异构”。以省直管县后的纵向职能分工为基础，调整垂直管理机构的布局和职能行使规范，比如，明确哪些事务适用于垂直管理，哪些事务应该属地管理。其中，重新审视地税、药监、工商、公安、质监、社保、国土、金融等部门的定位十分重要。同时依据政府辖区经济发展程度、财政能力、人口规模等约束条件在横向上规范各级政府的支出范围，并适当扩大中央和省级在民生体系建设上的支出责任。二是要明确垂直管理部门在省直管县改革中的定位，建立县级政府适时申请获取垂直管理部门权限的法律程序与渠道和畅通条、块职能有效衔接的运行机制。另外，可考虑建立跨区域的基层政府合作组织，才能在复杂的“条块关系”下优化府际财政支出结构、提升财政支出效率。

7.1.3 贯彻省内分税体制，培育财政解困能力

需要培养基层政府的实际财政解困能力，进一步扩大财政收入分权在增强基层政府财政能力上的作用范围，积极推行省内分税制建立的同时适当扩大县级政府的税收权力。改革的具体构想是按照“一级政府、一级事权、一级财权”的基本原则和党的十八届三中全会《中共中央关于全面深化改革若干重大问题的决定》的部署，建立事权和支出责任相适应的财政管理制度。故而省直管县改革目标的实现有赖于理顺省级以下“财权”与“事权”的关系，因此需要省以下的分税制改革的配合。可以说，省直管县改革实现了地方税收层级的优化，由过去的省、市、县三级变为省、县两

级，级次的简化为省以下的分税制改革提供了良好契机。

来自四川省的经验证据显示，省内分税制的有效贯彻和规范虽然有益于基层政府的财政增收，但是并未有任何证据显示经济增长和民生改善的作用来源于实际财政解困。这就意味着收入分权程度的提高带来的作用仅仅是通过“财政直管”获得的财力提升，并非对自我生财能力的培育。基于现阶段县级财政基本上没有所谓的“主体税种”可言，其来自本土的财政收入极其有限，需要在建立健全“现代转移支付制度”上下功夫——建立全新的“因素法”与“零基预算”配合的转移支付制度。同时，加强地方税体系的构建，加快选择和确立税基坚实、财源丰富的县级主体税种也是解决县级自有财力的制度良方。

7.1.4 建立多元考核体系，考虑省级管理水平

省直管县改革的根本目的是建构符合市场经济规律和区域经济发展要求的区域治理体系，其首要任务是激发县域活力，夯实县域底部基础，为打造主体功能区并形成多点多极发展战略提供支撑。前文经验证据显示，改革政策在不同特征的县域呈现分异化的效果。因此，需在充分尊重改革作用发挥条件的基础上制定改革方针，建立“分类推行，突出重点，差异考核”的考核体系，并在考虑地区经济特征、地理条件、市—县关联程度、地区转移支付规模以及人口密度等基础上制定改革方针，才可达到充分激发县域发展活力、多点多极发展的重要目标：

首先，对于经济发展程度、财政自给能力优势明显，但又难以得到市级有效带动的试点县可进一步深化改革。改革要突破制度障碍，在此类地区形成重构地方政府行为的制度动力，着重解决对县级实际财政解困能力和自我生财能力的培育。其次，对于经济发展程度、财政自给能力较弱，且区位优势不突出、人均转移支付水平又较低的试点县，其发展评价指标和政绩考核应从单纯侧重于经济问题切实转向“稳增长、促改革、调结构、惠民生”的弹性评价机制，才能在制度源头上激发基层政府对于民生问题的关注。最后，地理区位因素对于改革的制约作用则不能依据单纯的区位条件“好”或“坏”来界定，需加入县域经济发展水平、县级财政能力、地区转移支付水平、地区人口规模等因素综合考量，再做出判断。

另外值得注意的是，省直管县改革取消了地级市这个中间层级，直接由省管理县，虽然可以提高效率，但首先将面临一个挑战性的问题，即部

分省份的省级管理幅度过宽，使管理难度增大，省级政府将面临管理幅度过大的压力，这不利于省级政府在宏观调控和经济规划中的统筹。因而在充分考虑县域特征的情况下，还需充分考虑不同省份的省级的实际情况，避免部分省份由于改革后管辖县（市）数量过多等而带来的行政效率低下，改革政策落实不到位等情况。

7.2 基于本研究建议提出的“哑铃”状权力配置结构

实施省直管县改革，是对省以下府际关系的触动，也是对地方利益格局的调整，要继续深化改革，就亟须改变原有的“剑柄”状权力分布结构，将原本属于市级的经济管理权限和财政权力，乃至行政权力有层次、有计划地科学下放至县级政府，达到优化地方治理结构，深化省以下财政分权。据此，本研究进一步提出“哑铃”状权力配置结构，解析各级政府在改革中应承担的具体责任，如图 7.1 所示。

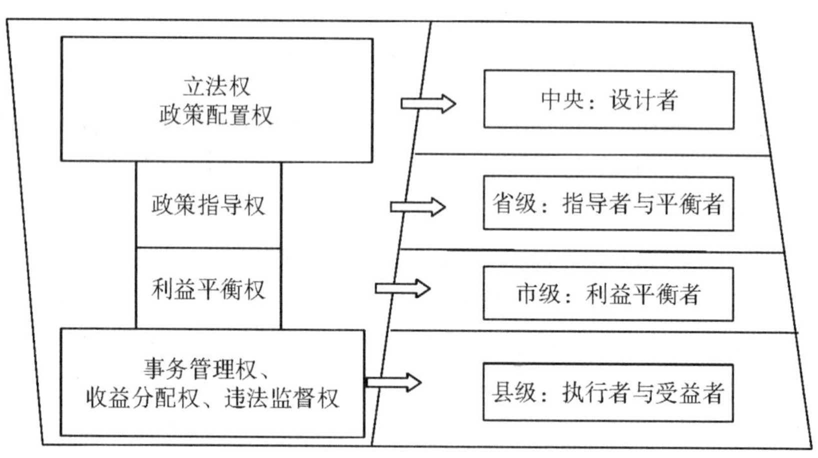

图 7.1 围绕县域发展的“哑铃”状权力体系配置

7.2.1 中央：设计者

在府际权力配置体系重构中，中央是扩权改革在宏观层面的主导设计者：

（1）中央以统筹协调的角色，对政府间权力配置进行深入洞察和宏观调控。

（2）以整个社会或国家利益为着眼点，扮演“贤明少数”权威，使国家财政体制的转型能够形成对经济社会转型的有效体制支持。

（3）可考虑相关法律、法规的修订或出台，从法律和制度的层面搭建资源流转平台，在贯彻省内分税制的基础上，还应当赋予各级地方政府明确的支出责任边界，将以扩权强县为出发点的地方政府权力分配进行明确化、规范化，使权力和职责的分配回归于宪法层面，形成有效的监督和约束机制。

（4）考虑“县政”在国家治理体系的特殊地位和基础性作用，县级政权承上启下，赋予县级政府更多自主权限可使其在改革转型过程中充分发挥基层带动作用。

7.2.2 省级：指导者与平衡者

作为指导者与平衡者的角色定位，省级政府应主动发挥作为中央与基层政府之间的桥梁作用：

（1）省级政府可以在其权力范围之内，积极指导和带动县级进行改革办法的探索和创新，依据本级政府的实际管理水平、管理幅度、县市经济联系程度、区域文化特色等制约条件综合考虑改革方案，并以地方政策文件形式保障县级政府在县域资源配置中的主体地位，提高中央自上而下的强制性制度变迁与基层自下而上的诱致性制度变迁的兼容性。

（2）在具体扩权政策上，如何开创经济绩效提升和民生体系改善的双赢局面需要省一级在激励机制上做到“指标一致、权重不同”的设计，如落后地区促增长、发达地区调结构，财力弱县补缺口，财力强县促发展的效果则需要省级层面的总体把握。在县级财力与事权匹配的原则上，应进一步把握收入分权与支出分权在不同特征县域的具体表现，在认可府际良性竞争的过程中，通过省以下财政体制改革优化分权的制度绩效，使分权体制达到效用最大化。

（3）县级政府承担的管理权限扩大，相应的收益权也应该增加，特别是原有财力弱县的支出责任在进一步扩大的基础上，需考虑其收入的扩大与支出责任扩大的匹配程度。因此，按照“以事权定财权”的原则进行权、责配置，充分保障财力弱的县级政府的收益权。

（4）在统筹发展进程中，充分发挥其在公共服务和区域发展上的统筹权力。毕竟向县一级的扩权和收入分享机制的改变等会直接损害市级的短期利益，且有可能阻碍市、县统筹发展的进程，省级政府应综合平衡省、市、县三级的事权关系，避免改革带来的产业发展和公共服务体系建设等方面的“碎片化”倾向。

7.2.3 市级：利益平衡者

对于地级市来说，进行省直管县改革相对削弱了市级原有权力，市级政府如何在改革中主动调整自身位置，适应改革趋势也是值得探讨的问题。

在改革过程中，仍然不能忽视市、县经济联系，将市、县发展割裂乃至“碎片化”将会为改革付出巨大的代价。我国市管县体制自推行已有20余年，市、县经济社会联系紧密，特别是部分由“强市”带动发展的县其实并不愿意完全脱离市一级的带动。因此，在改革推行中应根据市、县联系程度来制订具体计划，市级政府应有所取舍地配合县级改革。另外，面对县级管理权限的扩大带来县际的支出性竞争，市级也需要发挥利益制衡、统筹协调的作用。

7.2.4 县级：执行者与受益者

毋庸置疑，省直管县改革使县级政府主体地位得以突显，使其变为执行者与受益者，拥有了更多自主权限：

（1）县级政府应充分借助扩权机会，转变自身在纵向政府间的地位，由被动承担责任到主动发挥自身的基础性作用，把握资源配置权下移带来的发展机会。

（2）县级政府需具备城乡统筹发展的全局观，在县域经济发展和民生改善中主动承担相关责任，以适应省直管县改革背景下的新形势、新工作和新挑战。

8 结论与展望

8.1 研究结论

省直管县改革是省内的一次以“经济扩权”和“财政直管”为主要推行模式的财政体制改革，其扩权改革对象主要为县级政府，但是也涉及省以下纵向层面各级政府的权力和责任再分配，因此其改革过程也具有较为明显的分权特征。省直管县改革的根本动因来源于体制变迁中的不足造成县级政府的支出责任与其收入不符而形成的巨大财政压力难以支持县域有效发展，要顺利稳妥地推行省直管县改革，必须在真正理清省以下各级政府间财权、事权与财力划分的基础上，以向县级扩大管理权限，即“经济扩权”为权、责匹配的倒逼机制，以“财政直管”为省内分税制贯彻的推动力，并以基层财政体制变革支持县域经济绩效提升和民生改善，才可使基层政府切实分享到分权的红利。而如何做到这一体制性变迁，既需要了解改革作用机制，又需要探析改革制约条件。因此，本研究以四川省省直管县改革的总体绩效、影响改革绩效的分权调节机制、改革在众多试点县推行中所受制约因素三个目标为研究对象，进行了理论分析和实证检验，得出了以下三个基本结论：

（1）四川省推行省直管县改革，在总体上起到了提振试点县经济绩效、改善试点县民生性财政支出的作用，达到了改革“稳增长、调结构、惠民生”的基本要求。

（2）对改革中分权作用机制的研究发现，省内财政收入分权与支出分权的调节作用具有明显的非对称性：在改革影响县域经济绩效的过程中，省以下支出分权程度的提升具有显著的正向调节作用，具体表现为“扩权强县”模式通过对“市管县”体制的突破，以及支出责任进一步划分，带来了县域经济绩效的提升；在改革影响县域民生改善的过程中，省以下收入分权程度的提升具有显著的正向调节作用，具体表现为“财政直管”模式通过省内分税制的贯彻，带来了县级民生性财政支出占比提升。

具体来讲，四川省省直管县改革中赋予县级政府的资源配置权力，即“下移资源配置权”得到了较好的发挥，在基本激励机制不变的情况下，“下移资源配置权”引导府际竞争在域内经济增长和产业结构优化两方面发挥了优势作用，但是对民生性财政支出存在挤占效应；而通过收入划分手段进行的向县级财政扩权，即“省内分税制”的贯彻虽然在某种程度上解决了原有的“转移支付失灵”，在一定程度上达到了“惠民生”的效果，但是并未通过对于县级自有财力的培育促进经济增长和结构优化。

（3）更进一步对改革展开跨县域类别的研究以后，本研究发现省直管县改革的作用对于不同类别县域是具有极强分异性的。

具体而言，区位条件较不突出、属于弱市带动范围内而人均转移支付额度最高、人口密度最大的山区试点县是政策红利的最大赢家，在“稳增长、调结构、惠民生”的政策层面受益最大；而在区位条件较优、财政自给能力相对强势、经济发展水平较高的县域，可能重构地方政府行为的制度动力；值得注意的是，刘佳等（2012）提出的“县级政府重基础建设、轻科教文卫”的公共物品供给结构扭曲现象，在区位条件落后、财政自给能力相对弱势、经济发展水平低且人均转移支付额较少的县域有进一步恶化和扩散的趋势。

8.2 研究的不足与展望

尽管本书的研究结论有利于省以下府际财政关系的调整和财政分权程度的加深，为进一步深化省直管县财政体制改革以支撑县域发展提出了相关研究建议。但是由于研究的客观条件所限，本研究还存在着几点不足和局限，也是笔者后续研究和后继研究者在今后进一步研究的方向或重点。具体如下：

（1）样本代表性方面的局限。由于县域社会经济发展一直处于不断变革之中，加上县域经济社会统计能力和统计规范的限制，取得最近年份县域经济社会发展数据极其困难，特别是转移支付相关数据只更新至2010年。

因此，研究未能呈现基于全国省直管县改革实践数据进行改革制度绩效的全局描绘，是研究中的不足与遗憾。

（2）指标体系建立方面的局限。在对省直管县改革制度绩效的研究中，由于受数据采集所限，所选取的指标显得相对片面，未能全方位、多角度地反映改革为县域发展带来的效果。希望在后续研究中能通过系统的省直管县制度绩效评价体系的建立，更为全面客观地选取反映改革绩效的指标，以求更深入洞悉省以下财政体制改革的作用机制。

（3）本研究认为省直管县改革是落脚于县一级的改革，改革是否通过向县一级的扩权和省以下各级政府间的权力与责任划分，对于县级政府职能的转型是否起到了积极作用，县级政府是否能够发挥出县域资源配置的主导性作用等问题，本研究尚缺乏深入探讨。

参考文献

一、英文部分

[1] Asatryan Z, Feld L P, Geys B. Partial Fiscal Decentralization and Sub-national Government Fiscal Discipline: Empirical Evidence from OECD Countries [J]. Public Choice, 2015, 163 (3-4): 307-320.

[2] Barry R. Second Generation Fiscal Federalism: The Implications of Fiscal Incentives [J]. Journal of Urban Economics, 2009 (6): 279-293.

[3] Baskaran T, Feld L P, Schnellenbach J. Fiscal Federalism, Decentralization, and Economic Growth: A Meta - Analysis [J]. Economic Inquiry, 2016, 54 (3): 1445-1463.

[4] Baskaran T, Feld L P. Fiscal Decentralization and Economic Growth in OECD Countries: is There a Relationship? [J]. Public Finance Review, 2013, 41 (4): 421-445.

[5] Bird R M, Smart M. Intergovernmental Fiscal Transfers: International Lessons for Developing countries [J]. World Development, 2002, 30 (6): 899-912.

[6] Bird R, Rodriguez E R. Decentralization and Poverty Alleviation. International Experience and the Case of the Philippines [J]. Public Administration & Development, 1999, 19 (3): 299.

[7] Bird R, Hartle DG. The Design of Governments [M]. In R. M. Bird and Head, J. G. (Eds.). Modern- FiscalIssues: Essays in Honor of CarlS. Shoup. Toronto, Buffalo: University of Toronto Press, 1972.

[8] Boadway R, Roberts S, Shah A. The Reform of Fiscal Systems in Developing and Emerging Market Economies: a Federalism Perspective. Policy Research Working Paper, Washington D. C.: World Bank, 1994: 1259.

[9] Bodman P, Hodge A. What drives Fiscal Decentralisation? Further assessing the Role of Income [J]. Fiscal Studies, 2010, 31 (3): 373-404.

[10] Boobbyer P. A Russian Version of Christian Realism: Spiritual Wisdom and Politics in the Thought of SL Frank (1877-1950) [J]. The International History Review, 2016, 38 (1): 45-65.

[11] Breusch T S, Pagan A R. The LM Test and Its Application to Model Specification in Econometrics [J]. Review of Economic Studies, 1980, 47 (1): 239-53.

[12] Bruce J. Avolioetal. E-Leadership: Implications for theory, research, and Practice [J]. Leadership Quarterly, 2000, 11 (4): 615-668.

[13] Caliendo M, Kopeinig S. Some Practical Guidance for The Implementation of Propensity Score Matching [J]. Journal of Economic Surveys, 2008, 22 (1): 31-72.

[14] Campbell T, Peterson G, BrakarJ. Decentralization to Local Government in LAC: National Strategies and Local Response in Planning, Spending and Management [R]. ReportNo. 5, Latin America and The Caribbean TechnicalDepartment, Regional Studies Program. Washington D. C.: World Bank, 1991.

[15] Davenport J, Rees EIS. Observations on Neuston and Floating Weed Patches in the IrishSea [J]. Estuarcstl Shelf Sci, 1993, 36 (4): 395-411.

[16] Davis J C, Henderson J V. Evidence on the Political Economy of the Urbanization Process [J]. Journal of Urban Economics, 2003, 53 (1): 98-125.

[17] Davoodi H, Zou H. Fiscal Decentralization and Economic Growth: A Cross-country Study [J]. Journal of Urban Economics, 1998 (43): 244 -257.

[18] De Mello L R. Fiscal Decentralization and Intergovernmental Fiscal Relations: a Cross-Country Analysis [J]. World development, 2000, 28 (2): 365-380.

[19] Dollar D, Hofman B. Intergovernmental Fiscal Reforms, Expenditure Assignment, and Governance [J]. Public Finance in China: Reform and Growth for a Harmonious Society. Shuilin Wang and Jiwei Lou eds. Washington, DC: The World Bank, 2008: 39-51.

[20] Eden L, McMillan M L. Local Public Goods: Shoup Revisited [M]. In Eden, L. (Eds.). Retrospectives in Public Finance.

[21] Faguet J P. Decentralization and Governance [J]. World Development, 2014, 53: 2-13.

[22] Faguet J P. Does Decentralization Increase Government Responsiveness to Local Needs? : Evidence from Bolivia [J]. Journal of Public Economics, 2004, 88 (3): 867-893.

[23] Garzarelli G, Y R. Liman. "Knowledge, Coordination, and Fiscal Federalism: An Organizational Perspective" In D. Franco and A. Zanardi [J]. I Sistemi di Welfare Tra-Decentramen to Regionale e Integrazione Europa. Milano: Franco Angeli, 2003: 231-240.

[24] Grossman P J. Fiscal Decentralization and Government size: An Extension [J]. Public Choice, 1989, 62 (1): 63-69.

[25] Hausman J, Kuersteiner G. Difference in Difference meets Generalized Least Squares: Higher Order Properties of Hypotheses tests [J]. Journal of Econometrics, 2008, 144 (2): 371-391.

[26] Hayek F A. The use of Knowledge in Society [J]. The American economic review, 1945: 519-530.

[27] He C, Zhou Y, Huang Z. Fiscal decentralization, Political Centralization, and Land Urbanization in China [J]. Urban Geography, 2016, 37 (3): 436-457.

[28] Hoynes H, Page M, Stevens A H. Can Targeted Transfers Improve Birth Outcomes? : Evidence from the Introduction of the WIC Program [J]. Journal of Public Economics, 2011, 95 (7-8): 813-827.

[29] Jia J, Guo Q, Zhang J. Fiscal Decentralization and Local Expenditure policy in China [J]. China Economic Review, 2014, 28: 107-122.

[30] Jiancai P I. A Comparative Institutional Analysis of "County Administered by Province" and "County Administered by City" [J]. China Economic Studies, 2015, 6: 001.

[31] Jin H, Qian Y, Barry R, et al. Reginal Decentralization and Fiscal Incentives: Federalism, Chinese style [J]. Journal of Public Economics, 2005, (89), (9-10): 1719&1742.

[32] Jin J, Zou H. Fiscal Decentralization, Revenue and Expenditure Assignments, and Growth in China [J]. Journal of Asian Economics, 2005, 16

(6): 1047-1064.

[33] Kai - Yuen T. Local tax System, Intergovernmental Transfers and China's Local Fiscal Disparities [J]. Journal of Comparative Economics, 2005 (33): 173-196.

[34] Karake I A. Information Technology, Organizational Structure, and Control, Information Technology and Management Control: An Agency Perspecetive [M]. Praeger Publishers, Long, 1992.

[35] Kee, W. Fiscal Decentralization and Economic Development [J]. Public Finance Quarterly, 1977, 5 (1): 79-97.

[36] Koethenbuerger M. How do Local Governments Decide on Public Policy in Fiscal Federalism? Tax vs. Expenditure Optimization [J]. Journal of Public Economics, 2011, 95 (11): 1516-1522.

[37] Koethenbuerger M. How do Local Governments Decide on Public Policy in Fiscal Federalism? Tax vs. Expenditure Optimization [J]. Journal of Public Economics, 2011, 95 (11): 1516-1522.

[38] KooimanJ. Modem Governance. New Government-Society Interactions [M]. London: Sage, 1993: 1.

[39] Kyriacou A P, Muinelo-Gallo L, Roca-Sagalés O. Regional Inequalities, Fiscal Decentralization and Government Quality [J]. Regional Studies, 2017, 51 (6): 945-957.

[40] Letelier S L. Fiscal Decentralization as a Mechanism to Modernize the State [J]. Journal of Institutional Comparisons, 2004, 2 (1): 15-20.

[41] Zhou L A. Governing China's Local Officials: An Analysis of Promotion Tournament Model [J]. Economic Research Journal, 2007 (7): 36-50.

[42] Liu X, Sun J B. Local Government Financing Platforms in China: A Fortune or Misfortune. IMF work paper, 2013.

[43] Ma J. Intergovernmental Relation and Economic Management in China [M]. Macmillan Press, 1997.

[44] Martinez-Vazquez J, McNab R M. Fiscal Decentralization and Economic Growth [J]. World Development, 2003, 31 (9): 1597-1616.

[45] Martinez-Vazquez J, Timofeev A. 2010. De-centralization Measures Revisited. International Studies Program Working Paper 09-13 (updated). An-

drew Young School of Policy Studies, Georgia State University.

[46] Marton J, Wildasin D E. State Government Cash and In-Kind Benefits: Intergovernmental Fiscal Transfers and Cross-Program Substitution [J]. Journal of Urban Economics, 2007, 61 (1): 1-20.

[47] McMillan M L. A Local Perspective on Fiscal Federalism: Practices, Experiences, and Lessons from Developing Countries [R]. Washington D. C.: WorldBank, Policy Research Department. Public Economics Division, 1995.

[48] Montinola G, QianY, Weingast, et al. Federalism, Chinese Style: The Political Basis for Economic Success in China [J]. World Politics, 1995, 48 (1): 50-81.

[49] Musgrave R A. The Theory of Public Finance: A Study in Public Economy [J]. New York: McGraw-Hill, 1959.

[50] Nelson R R, Phelps E S. Investment in Humans, Technological Diffusion, and Economic Growth [J]. The American Economic Review, 1966, 56 (1/2): 69-75.

[51] Oates, Wallace E. Fiscal federalism, Harcourt BraceJovanovich [M]. New York, NY, SA, 1972.

[52] Prud' Homme R. On the Dangers of Decentralization [R]. World-Bank Research Observer, 1995 (10): 201 -220.

[53] Qi C Z. Inter-Government Transfer Payment and Variation in Regional Financial Gap [J]. Journal of Zhongnan University of Economics and Law, 2005 (6): 111-117.

[54] Qian Y, Barry R, Weingast. China's Transition to Markets: Market-Preserving Federalism, Chinese Style [J]. The Journal of Policy Reform, 1996, 1 (2): 149-185.

[55] Qian Y, Barry R, Weingast. Federalism as a Commitment to Preserving Market Incentives [J]. Journal of Economic Perspectives, 1997, 11 (4): 83-92.

[56] Qian Y, Roland G. Federalism and the Soft Budget Constraint [J]. American Economic Review, 1998, 88 (5): 1143-1162.

[57] Qiao B J, Martinez-Vazquez, Xu Y. Growth and Equity Tradeoff in Decentralization Policy: China's Experience. International Studies Program, Geor-

gia State University. Working Paper 02-16, 2002.

[58] Qiao B Y, Jia Y F, FengX Y. Fiscal Decentralization and Compulsory Primary Ed- ucation in China [J]. Social Sciences in China, 2005, 6: 6.

[59] Cook R D, Weisberg S. The Eentral Role of the Propensity Score in Observational Studies for Causal Effects [J]. Biometrika, 1983, 70 (1): 41-55.

[60] Sewell D. er. The Danger of Decentralization According to Prud' homme. Some Further Aspects [J]. World Bank Researeh Obseiver, 1995, 11 (1): 43-50.

[61] Stebbins M W, Sena J A, Shani A. B R. Information Technology and Organization Design [J]. Journal of Information Technology, 1995, 10 (2): 101-113.

[62] Stiglitz J E, Dasgupta P. Differential Taxation, Public Goods and Economic Efficiency [J]. Review of Economic Studies, 1971 (38): 151-174.

[63] Tanzi V. On Fiscal Federalism: Issues to Worry About [C]. Working Paper Series. Washington D. C.: International Monetary Fund, 2000.

[64] Thomas H D. Process Innovation-Reengineering Work through Information Technology [M]. HarverdBusinessSchool Press, 1993.

[65] Tiebout, Charles. A Pure Theory of Local Expenditures [J]. Journal of Political Economy, 1956 (64): 416-424.

[66] Townsend A M, Demarie S M, Hendrickson A R. Information Technology, Unions, Andthe New Organization: Challenges and Opportunities for Union Survival [J]. Journal of Labor Research, 2001, 22 (2): 275-286.

[67] Van der Kamp D, Lorentzen P, Mattingly D. Racing to the Bottom or to the Top? Decentralization, Revenue Pressures, and Governance Reform in China [J]. World Development, 2017, 95: 164-176.

[68] Weingast, Barry R. Second Generation Fiscal Federalism: Political Aspects of Decentralization and Economic Development [J]. World Development, 2014, 53: 14-25.

[69] Wildasin, David E. The Institutions of Federalism: Toward an Analytical Frame work [J]. National Tax Journal , 2004, 57 (02): 247-272.

[70] Wu, Alfred M, Wang W. Determinants of Expenditure Decentraliza-

tion: Evidence from China. [J]. World Development, 2013, 46: 176-184.

[71] Xiao Y L. Tax Share System, Transfer and Local Government Fiscal Effort [J]. South China Journal of Economics, 2012, 5: 38-52.

[72] Yu H, Wang Q. Path Selection in Deepening Fiscal Reform of "County Governed by Province" [J]. Contemporary Finance & Economics, 2014, 5: 004.

[73] Zeleti F. The Progress and Obstacles of Implementing and Improving E-Government in Islamic Republic of Iran [D]. Lappeenranta University of Technology, 2010.

[74] Zhang T, Zou H. Fiscal Decentralization and Economic Growth in the United States [J]. Journal of Urban Economics, 1999, 45: 228 -239.

二、中文部分

[1] 暴景升. 当代中国县政改革研究 [M]. 天津: 天津人民出版社, 2007.

[2] 才国伟, 黄亮雄. 政府层级改革的影响因素及其经济绩效研究 [J]. 管理世界, 2010 (8): 73-83.

[3] 才国伟, 张学志, 邓卫广. 省直管县改革会损害地级市的利益吗? [J]. 经济研究, 2011 (7): 65-77.

[4] 操世元, 姚莉. 论中国行政体制的扁平化改革 [J]. 湖州师范学院学报, 2007 (4): 54-58.

[5] 陈国权, 李院林. 地方政府创新与强县发展: 基于"浙江现象"的研究 [J]. 浙江大学学报 (人文社会科学版), 2009 (06): 25-33.

[6] 陈国权, 梁耀东, 于洋. 基于区域差异性的省直管县分类改革研究 [J]. 江海学刊, 2012, (4): 145-150, 238-239.

[7] 陈抗, AryeL. Hillman, 顾清扬. 财政集权与地方政府行为变化——从援助之手到攫取之手 [J]. 经济学 (季刊), 2002 (04): 111-130.

[8] 陈硕, 高琳. 央地关系: 财政分权度量及作用机制再评估 [J]. 管理世界, 2012 (06): 43-59.

[9] 陈思霞, 卢盛峰. 分权增加了民生性财政支出吗? ——来自中国省直管县的自然实验 [J]. 经济学 (季刊), 2014 (3): 1261-1282.

[10] 陈思霞, 卢盛峰. 省直管县弱化了资源的城市偏向性配置吗? ——财政转移支付视角 [J]. 上海财经大学学报, 2014 (01): 87-95.

[11] 陈振明. 走向一种"新公共管理"的实践模式——当代西方政府

改革趋势透视［J］. 厦门大学学报（哲学社会科学版），2000（2）：76-84.

［12］储德银，张婷. 财政分权与收入不平等——基于面板门限回归模型的实证分析［J］. 山西财经大学学报，2016，38（01）：12-24.

［13］窦祥铭. 基于产权视角的中国农村土地制度创新模式探讨［J］. 理论探讨，2013（01）：94-97.

［14］鄂杰，庞鑫. 财政联邦主义理论与实践论述［J］. 财政研究，2013（08）：79-81.

［15］樊勇，王蔚. “扩权强县”改革效果的比较研究——以浙江省县政扩权为样本［J］. 公共管理学报，2013（01）：10-18、138.

［16］范毅，许锋. 吉林省“扩权强县”情况的调查与思考［J］. 发展，2009（9）：51-52.

［17］范子英，张军. 财政分权、转移支付与国内市场整合［J］. 经济研究，2010（03）：53-64.

［18］范子英，张军. 财政分权与中国经济增长的效率——基于非期望产出模型的分析［J］. 管理世界，2009（07）：15-25、187.

［19］房亚明. 治理空间、权力监控与政府层级的制度选择——对省直管县的冷思考［J］. 湖北社会科学，2010（07）：17-21.

［20］冯军旗. 中县“政治家族”现象调查［N］. 南方周末，2011-09-01（B09）.

［21］冯俏彬. 供给侧结构性改革的核心是制度创新［J］. 金融经济：上半月，2016（2）：13-15.

［22］冯俏彬. 省直管县何去何从？基于城镇化和行政区划改革背景［J］. 地方财政研究，2016（2）：11-16.

［23］付文林. 财政分权、财政竞争与经济绩效［M］. 北京：高等教育出版社，2011.

［24］傅勇，张晏. 中国式分权与财政支出结构偏向：为增长而竞争的代价［J］. 管理世界，2007（03）：4-12、22.

［25］傅勇. 财政分权、政府治理与非经济性公共物品供给［J］. 经济研究，2010（08）：4、15、65.

［26］傅勇. 中国式分权、地方财政模式与公共物品供给：理论与实证研究［D］. 上海：复旦大学，2007.

［27］傅允生. 资源配置能力与地区经济增长：一个新的分析框架［J］.

学术月刊，2008（09）：71-79.

［28］高传勇. 省直管县（市）体制改革的内在逻辑与当下操作［J］. 改革，2013（11）：17-24.

［29］高军，王晓丹. 省直管县财政体制如何促进经济增长——基于江苏省2004—2009年数据的实证分析［J］. 财经研究，2012（3）：4-14.

［30］宫汝凯，姚东旻. 全面直管还是省内单列：省直管县改革的扩权模式选择［J］. 管理世界，2015（4）：92-102.

［31］郭杰，李涛. 中国地方政府间税收竞争研究——基于中国省级面板数据的经验证据［J］. 管理世界，2009（11）：54-64.

［32］韩春晖. “省管县”：历史与现实之间的观照——中国地方行政层级的优化改革［J］. 行政法学研究，2011（01）：115-122.

［33］贺曲夫，刘君德. 省直辖县（市）体制实现的路径及其影响［J］. 经济地理，2009（05）：741-745.

［34］胡亚兰. “省直管县”体制改革对河南省县域经济发展的影响［J］. 财会月刊，2016，（12）：44-48.

［35］华伟. 县制：乡土中国的行政基础——县制丛谈之一［J］. 战略与管理，2001（06）：54-64.

［36］黄忠华，杜雪君. 土地资源错配研究综述［J］. 中国土地科学，2014（08）：80-87.

［37］吉杰. 中国县乡财政体制改革研究［M］. 北京：中国农业出版社，2008.

［38］贾晋，李雪峰，刘莉. “扩权强县”政策是否促进了县域经济增长——基于四川省县域2004—2012年面板数据的实证分析［J］. 农业技术经济，2015（09）：64-76.

［39］贾俊雪，郭庆旺. 政府间财政收支责任安排的地区经济增长效应［J］. 经济研究，2008（06）：37-49.

［40］贾俊雪，宁静. 纵向财政治理结构与地方政府职能优化——基于省直管县财政体制改革的拟自然实验分析［J］. 管理世界，2015（01）：7-17、187.

［41］贾俊雪，张永杰，郭婧. 省直管县财政体制改革、县域经济增长与财政解困［J］. 中国软科学. 2013（06）：22-29、52.

［42］贾康. 财政的扁平化改革和政府间事权划分［J］. 中共中央党校

学报，2007（06）：42-48.

［43］贾晓俊，岳希明. 我国均衡性转移支付资金分配机制研究［J］. 经济研究，2012（01）：17-30.

［44］江波. 中间性组织、市场拓展与区域经济合作［J］. 华南师范大学学报（社会科学版），2006（01）：39-43、49、158.

［45］姜子叶，胡育蓉. 财政分权、预算软约束与地方政府债务［J］. 金融研究，2016，（02）：198-206.

［46］柯学民，刘小魏. 地方政府层级体制改革持续推进的影响因素及对策研究——基于地方治理的分析视角［J］. 理论月刊，2014（11）：82-87.

［47］雷晓康，方媛，王少博. 强县扩权背景下我国基层政府公共服务供给能力研究［J］. 中国行政管理，2011（3）：75-79.

［48］李金龙，武俊伟."传统官僚制"：我国行政省直管县体制改革的重要制约因素［J］. 湖北社会科学，2016，（03）：43-50.

［49］李金龙，谢哲夫. 省直管县的现实可能性、改革的战略性调整［J］. 甘肃社会科学，2010（3）：244-247.

［50］李猛. 省直管县改革的经济影响［J］. 经济学家，2012，3（3）：55-58.

［51］李猛. 省直管县能否促进中国经济平稳较快增长？——理论模型和绩效评价［J］. 金融研究，2012（01）：91-102.

［52］李萍. "三农"问题与财政政策取向［J］. 社科纵横，2005（02）：55-56.

［53］李宜春. 政府层级管理体制改革的实践与思考［J］. 中国行政管理，2011（3）：63.

［54］李永友，沈坤荣. 辖区间竞争，策略性财政政策与 FDI 增长绩效的区域特征［J］. 经济研究，2008（5）：58-69.

［55］李兆友，陈亮. 从"市管县"体制到省直管县体制改革：一个文献综述［J］. 东北大学学报（社会科学版），2012，14（1）：52-56.

［56］理查德·W. 特里西. 经济科学译丛：公共部门经济学［M］. 北京：中国人民大学出版社，2014：111-112.

［57］厉以宁. 社会主义市场经济与政府对资源配置的调节［J］. 财贸经济，1993（01）：9-11.

［58］林春. 财政分权与中国经济增长质量的关系——基于全要素生产

率视角［J］. 财政研究，2017，（02）：73-83、97.

［59］林尚立. 国内政府间关系［M］. 杭州：浙江人民出版社，1998.

［60］林毅夫，刘志强. 中国的财政分权与经济增长［J］. 北京大学学报（哲学社会科学版），2000（7）：5-17.

［61］刘佳，吴建南，马亮. 地方政府官员晋升与土地财政［J］. 公共管理学报，2012（4）：11-23.

［62］刘佳，吴建南，吴佳顺. 省直管县改革对县域公共物品供给的影响——基于河北省136县（市）面板数据的实证分析［J］. 经济社会体制比较，2012（01）：35-45.

［63］刘金涛，杨君，曲晓飞. 财政分权对经济增长的作用机制：理论探讨与实证分析［J］. 大连理工大学学报：社会科学版，2006（1）：7-12.

［64］刘君德，范今朝. 中国市制的历史演变与当代改革［M］. 南京：东南大学出版社，2015.

［65］刘尚希. 省以下的体制改革应当因地制宜［J］. 农村工作通讯，2010（18）：28.

［66］刘叔申，吕凯波. 省直管县财政改革的公共卫生服务水平提升效应——基于江苏省2004—2009年县级面板数据的分析［J］. 经济与管理评论，2012（4）：67-71.

［67］刘小勇. 省及省以下财政分权与省际经济增长［J］. 经济科学，2008（2）：41-54.

［68］罗贵明. 财政分权、地方政府竞争与公共教育投资——基于空间面板模型的分析［J］. 大连理工大学学报（社会科学版），2017，38（03）：131-135.

［69］罗植，杨冠琼，赵安平. 省直管县是否改善了县域经济绩效：一个自然实验证据［J］. 财贸研究，2013（4）：91-99.

［70］吕凤勇，邹琳华. 中国县域经济发展报告［M］. 北京：北京社会科学文献出版社，2016.

［71］马斌. 通过进一步扩权改革理顺省市县政府间关系——县政改革的浙江经验［J］. 中国发展观察，2008（07）：32-34.

［72］马斌. 政府间关系：权力配置与地方治理——基于省、市、县政府间关系的研究［M］. 杭州：浙江大学出版社，2009.

［73］马海涛，姜爱华. 政府间财政转移支付制度［M］. 北京：经济科

学出版社，2010.

［74］马力宏. 论政府管理中的条块关系［J］. 政治学研究，1998（04）：71-77.

［75］毛捷，赵静. 省直管县财政改革促进县域经济发展的实证分析［J］. 财政研究，2012（1）：38-41.

［76］缪小林，伏润民，王婷. 地方财政分权对县域经济增长的影响及其传导机制研究——来自云南106个县域面板数据的证据［J］. 财经研究，2014（09）：4-15+37.

［77］宁静，赵国钦，贺俊程. 省直管县财政体制改革能否改善民生性公共服务［J］. 经济理论与经济管理，2015（05）：77-87.

［78］潘小娟. 关于推行省直管县改革的调查和思考［J］. 政治学研究，2012（01）：3-10.

［79］庞明礼，张东方. 省直管县体制改革的制度设计研究［J］. 北京行政学院学报，2013（1）：29-33.

［80］庞明礼. 对省直管县改革问题的理性反思［J］. 武汉科技大学学报（社会科学版），2009（3）：40-44.

［81］平新乔，白洁. 中国财政分权与地方公共品的供给［J］. 财贸经济，2006（2）：49-55.

［82］浦善新. 中国行政区划改革研究［M］. 北京：商务印书馆，2013.

［83］钱忠好，牟燕. 中国土地市场化改革：制度变迁及其特征分析［J］. 农业经济问题，2013（05）：20-26、110.

［84］乔宝云，范剑勇，彭骥鸣. 政府间转移支付与地方财政努力［J］. 管理世界，2006（03）：50-56.

［85］乔宝云. 增长与均等的取舍：中国财政分权政策研究［M］. 北京：人民出版社，2002.

［86］荣敬本，等. 从压力型体制向民主合作体制的转变——县乡两级政治体制改革［M］. 北京：中央编译出版社，1998.

［87］邵敏，包群. 企业退出出口市场行为与企业的经营表现——基于倾向评分匹配的经验分析［J］. 财经研究，2011（01）：79-90.

［88］沈坤荣，付文林. 税收竞争、地区博弈及其增长绩效［J］. 经济研究，2006（6）：16-26.

[89] 沈坤荣，付文林. 中国的财政分权制度与地区经济增长 [J]. 管理世界，2005 (01)：31-39、171-172.

[90] 沈荣华. 统筹城乡发展背景下的省直管县改革——兼评《中国省直管县改革研究》一书 [J]. 中国行政管理，2012 (2)：126-127.

[91] 石亚军，施正文. 从“省直管县财政改革”迈向“省直管县行政改革”——安徽省直管县财政改革的调查与思考 [J]. 中国行政管理，2010 (2)：28-33.

[92] 孙学玉，伍开昌. 当代中国行政结构扁平化的战略构想——以市管县体制为例 [J]. 中国行政管理，2004 (03)：79-87.

[93] 孙学玉. 垂直权力分合 [M]. 北京：人民出版社，2013.

[94] 孙学玉. 企业型政府论 [M]. 北京：社会科学文献出版社，2005：150-151.

[95] 孙学玉. 现代化进程中的中国公共行政 [J]. 江汉论坛，2002 (2)：46-49.

[96] 孙学玉，等. 当代中国民生问题研究 [M]. 北京：人民出版社，2010.

[97] 孙永杰. 省直管县促进了区域经济增长吗？——来自河南省县域经济的证据 [J]. 地方财政研究，2016 (08)：47-52.

[98] 谭之博，周黎安，赵岳. 省管县改革、财政分权与民生——基于“倍差法”的估计 [J]. 经济学（季刊），2015 (03)：1093-1114.

[99] 陶勇. 中国县级财政压力研究 [M]. 上海：复旦大学出版社，2014.

[100] 万昌华. 郡县制起源理论的历史考察 [J]. 齐鲁学刊，2000 (05)：77-80.

[101] 汪波. 中国政府体制改革的成就、差距及制度变迁 [J]. 甘肃行政学院学报，2006 (2)：5-9.

[102] 汪宇明. 中国省直管县市与地方行政区划层级体制的改革研究 [J]. 人文地理，2004 (12)：71-74.

[103] 王德祥，李建军. 人口规模、省直管县对地方公共品供给的影响——来自湖北省市、县两级数据的经验证据 [J]. 统计研究，2008 (12)：15-21.

[104] 王广庆，王有强. 县级财政转移支付变迁：制度与分配 [J]. 经

济学家，2010（12）：27-34.

［105］王婧等. 省直管县财政体制改革对县域经济影响的多维测度：以山西省为例［J］. 经济经纬，2016（2）：1-6.

［106］王磊. 公共产品供给主体及边界确定的交易费用经济学分析——兼论我国公共产品供给过程中交易费用的计量［J］. 财经问题研究，2007（04）：64-71.

［107］王利月. 近年来省管县体制改革研究述评［J］. 浙江学刊，2011（5）：151-157.

［108］王仕军，冯春，省直管县体制改革：实践与理论的理性推进［J］. 探索，2008（4）：79-82.

［109］王庭槐，卞维庆. 市管县行政体制剖析及改革设想［J］. 南京师大学报（社会科学版），1995（04）：15-22.

［110］王文，洪亚敏，彭文英. 中国农村集体建设用地流转收益关系及分配政策研究［M］. 北京：经济科学出版社，2012：30-40、49-50.

［111］王小龙，方金金. 财政省直管县改革与基层政府税收竞争［J］. 经济研究，2015（11）：79-92.

［112］王小龙，张少军. 经济成本与公共组织设计：公共部门改革的效率逻辑［J］. 财贸经济，2004（07）：43-50+96.

［113］王小龙. 中国地方政府治理结构改革：一种财政视角的分析［J］. 人文杂志，2004，（03）：64-69.

［114］王雪丽. 中国省直管县体制改革研究［M］. 天津：天津人民出版社，2007.

［115］王雍君：中国公共支出实证分析［M］. 北京：经济科学出版社，2000：216-218.

［116］文炳勋. 湖南省直管县财政体制改革的现状、问题与对策分析［J］. 湖南财政经济学院学报，2011（01）：98-104.

［117］吴昊. 发展农户小额信贷应规范民间金融［J］. 农村经济与科技，2006（05）：52.

［118］吴帅，陈国权. 中国地方府际关系的演变与发展趋势——基于"市管县"体制的研究［J］. 江海学刊，2008（01）：100-105、238.

［119］吴宗国. 中国古代官僚政治制度研究［M］. 北京：北京大学出版社，2004.

[120] 夏锋，甘露，张娟. 省直管县改革应置于城市化的大背景下[J]. 财会研究，2010（1）：26-27.

[121] 肖建华. 财政保障农村基本公共服务的机制与政策体系[J]. 宏观经济管理，2013（12）：49-51.

[122] 肖建华. 省直管县体制与地方公共服务供给——基于参与三方视角的分析[J]. 中国行政管理，2013（12）：77-79.

[123] 肖立辉. 县委书记眼中的中央与地方关系[J]. 经济社会体制比较，2008（04）：145-150.

[124] 谢庆奎，杨宏山. 府际关系论[M]. 北京：中国社会科学出版社，2005.

[125] 谢庆奎. 中国政府的府际关系研究[J]. 北京大学学报（哲学社会科学版），2000（01）：26-34.

[126] 谢贞发，张玮. 中国财政分权与经济增长——一个荟萃回归分析[J]. 经济学，2015（2）：435-452.

[127] 辛方坤. 财政分权、财政能力与地方政府公共服务供给[J]. 宏观经济研究，2014，（04）：67-77.

[128] 徐寿松，赵东辉. 税收“逆调节”拉大贫富[J]. 瞭望，2007（52）：12-13.

[129] 徐艺. 转移支付对中国县级财力差距的影响研究[M]. 北京：中国社会科学出版社，2016.

[130] 徐元明，等. 省直管县体制改革相关问题研究——以江苏省为例[J]. 江海学刊，2007（6）：57-61.

[131] 严冀，陆铭. 分权与区域经济发展：面向一个最优分权程度的理论[J]. 世界经济文汇，2003（03）183：55-56

[132] 杨德强. 省直管县财政改革需要处理好五大关系[J]. 财政研究，2010（3）：52-53.

[133] 杨良松. 中国的财政分权与地方教育供给——省内分权与财政自主性的视角[J]. 公共行政评论，2013，6（02）：104-134、180-181.

[134] 杨茂林. 以公共服务为中心推进县政建设——从省直管县的视阈谈起[J]. 中国行政管理，2010（05）：86-90.

[135] 杨文彬. 国际比较视野下省直管县体制的障碍因素分析[J]. 行政论坛，2015（01）：43-46.

［136］杨之刚，张斌. 中国基层财政体制改革中的政府级次问题［J］. 财贸经济，2006（3）：10-16.

［137］姚洋，杨雷. 制度供给失衡和中国财政分权的后果［J］. 战略与管理，2003（03）：27-33.

［138］叶敏. 增长驱动、城市化战略与市管县体制变迁［J］. 公共管理学报，2012（02）：33-41+123.

［139］叶子荣，郑浩生. 县制：中国行政管理体制运行的基础［J］. 天府新论，2012（06）：93-98.

［140］易顶强. 我国省级行政区划改革新探［J］. 求实，2010（8）：57-60.

［141］殷德生. 最优财政分权与经济增长［J］. 世界经济，2004（11）：62-71.

［142］尹恒，朱虹. 县级财政生产性支出偏向研究（英文）［J］. Social Sciences in China. 2012（01）：127-147.

［143］袁渊，左翔. "扩权强县"与经济增长：规模以上工业企业的微观证据［J］. 世界经济，2011（03）：89-108.

［144］张浩天，李鑫. 财政分权、经济增长与产业结构失衡——基于省级面板数据的实证研究［J］. 经济问题探索，2017，（08）：114-119.

［145］张恒龙，康艺凡. 财政分权与地方政府行为异化［J］. 中南财经政法大学学报，2007（6）：80-84.

［146］张紧跟. 当代中国地方政府间关系：研究与反思［J］. 武汉大学学报（哲学社会科学版），2009（04）：508-514.

［147］张闫龙. 财政分权与省以下政府间关系的演变——对 20 世纪 80 年代 A 省财政体制改革中政府间关系变迁的个案研究［J］. 社会学研究，2006（03）：39-63、243.

［148］张永杰，耿强. 省直管县、财政分权与中国县域经济发展——基于长三角地区县级数据的 GMM 实证分析［J］. 学习与实践，2011（11）：16-26.

［149］张永杰，耿强. 省直管县体制变革、财政分权与县级政府规模——基于规模经济视角的县级面板数据分析［J］. 中国软科学，2011（12）：66-75.

［150］张永理. 我国行政区划层级历史变迁——兼谈其对省直管县体制改革的启示［J］. 北京行政学院学报，2012（2）：5-10.

[151] 张占斌. 加强省直管县改革的顶层设计和规划 [M] //张占斌. 中国省直管县改革研究. 北京：国家行政学院出版社，2011.

[152] 张占斌. 省直管县改革的步骤和政策探析 [J]. 资治文摘（管理版），2009（1）：6-8.

[153] 张占斌. 省直管县改革新试点：省内单列与全面直管 [J]. 中国行政管理，2013（3）：11-15.

[154] 张占斌. 省直管县体制改革的实践创新 [M]. 北京：国家行政学院出版社，2009.

[155] 张占斌. 政府层级改革的酝酿：强县扩权与省直管县 [J]. 当代广西，2005（17）：43-44.

[156] 张占斌. 政府层级改革与省直管县实现路径研究 [J]. 经济与管理研究，2007（04）：22-27.

[157] 赵奇，刘太刚. 中国县级行政组织立法研究 [M]. 北京：中国人民公安大学出版社，2001.

[158] 赵为民，李光龙. 财政分权、纵向财政失衡与社会性支出效率 [J]. 当代财经，2016，（07）：24-35.

[159] 郑浩生，叶子荣，查建平. 中央对地方财政转移支付影响因素研究——基于中国县级数据的实证检验 [J]. 公共管理学报，2014，11（01）：18-26、138.

[160] 郑为汕. 行政区划改革初探 [J]. 晋阳学刊，2000（4）：8-20.

[161] 郑文平，张杰. 省直管县能否促进经济增长？——来自河南省企业层面的经验证据 [J]. 当代财经，2013（08）：83-98.

[162] 郑新业，王晗，赵益卓. 省直管县能促进经济增长吗？——双重差分方法 [J]. 管理世界，2011（08）：34-44、65.

[163] 周黎安. 晋升博弈中政府官员的激励与合作——兼论我国地方保护主义和重复建设问题长期存在的原因 [J]. 经济研究，2004（06）：33-40.

[164] 周黎安. 中国地方官员的“晋升锦标赛”模式研究 [J]. 经济研究，2007（07）：36-50.

[165] 周黎安. 转型中的地方政府：官员激励与治理 [M]. 上海：上海人民出版社，2007：199-201.

附录1　第五章 PSM-DID 检验结果

附表 1.1　四川省省直管县改革对县域经济发展的影响分析

解释变量	固定效应	随机效应	倍差分	2SLS
省直管县改革	0.775***	0.362	0.556***	0.675***
	(2.70)	(1.51)	(3.95)	(2.73)
财政收入分权	-0.011	0.022	-0.005	-0.022
	(-0.67)	(1.47)	(-0.37)	(-1.60)
财政收入分权×省直管县改革	-0.013	-0.040*	-0.021	-0.004
	(-0.69)	(-1.79)	(-1.27)	(-0.21)
财政支出分权	-0.056	-0.072**	-0.056**	-0.065**
	(-1.36)	(-2.09)	(-2.34)	(-1.98)
财政支出分权×省直管县改革	0.130**	0.073*	0.100***	0.115***
	(2.46)	(1.69)	(4.00)	(2.66)
基础设施承载力	0.033	-0.007	0.002	0.032
	(1.09)	(-0.41)	(0.15)	(1.63)
人力资本水平	-0.015	0.004	-0.008	0.0221
	(-0.25)	(0.07)	(-0.23)	(0.22)
人口密度	-0.122	0.081**	-0.168*	-0.109
	(-1.16)	(2.32)	(-1.81)	(-1.13)
就业非农化	-0.033	0.176***	-0.059	-0.067
	(-0.70)	(3.31)	(-1.50)	(-1.37)
固定资产投资率	-0.094***	-0.047*	-0.097***	-0.093***
	(-3.11)	(-1.65)	(-7.12)	(-3.62)

附表1.1(续)

解释变量	固定效应	随机效应	倍差分	2SLS
常数项	9.077***	8.408***	9.373***	9.782***
	(10.64)	(16.24)	(15.12)	(9.34)
N	861	861	861	713
时间效应	控制	控制	控制	控制
个体效应	控制	—	控制	控制
R^2	0.944	0.477	0.9573	0.949
F统计量	117.43	—	416.15	—
豪斯曼统计量	—	4986.3	—	16187.1

注：①考虑到部分解释变量与被解释变量在绝对数值上相差较大，并且为了使得变量更加平稳、减小模型可能存在的异方差情况，对模型中所有数值型解释变量均做了自然对数化处理；②固定效应模型的豪斯曼检验统计量为422.84（p<0.01），随机效应模型的BP-LM检验统计量为925.86（p<0.01），2SLS回归模型中工具变量的有效性检验Sargan统计量对应的P值为0.2632；③考虑到HR可能存在的内生性问题，在2SLS回归中本研究采用HR自身的滞后1~2期作为对应的工具变量以控制内生性问题，但是需要注意的是变量HR的内生性检验Wu-Hausman检验统计量为2.3968（p>0.10），接受了变量为外生变量的原假设；④*代表p<0.10，**代表p<0.05，***代表<0.01，括号内为T统计量。

附表1.2　省直管县改革对不同地形县域经济发展的影响分析

解释变量	固定效应模型		倍差分模型			
	丘陵	山区	平原	丘陵	山区	平原
省直管县改革	1.072***	0.340*	-0.411	0.593***	0.427*	-0.333
	(5.28)	(1.79)	(-1.68)	(4.77)	(1.90)	(-2.14)
财政收入分权	-0.033***	0.017*	-0.032***	-0.027**	0.016*	-0.023*
	(-2.68)	(1.77)	(-6.15)	(-2.33)	(1.79)	(-2.00)
财政收入分权×省直管县改革	-0.003	0.004	-0.021	-0.007	-0.005	-0.012
	(-0.24)	(0.17)	(-1.02)	(-0.62)	(-0.27)	(-0.61)
财政支出分权	-0.071**	-0.083***	-0.007	-0.052	-0.086***	-0.040**
	(-2.18)	(-5.11)	(-0.17)	(-1.47)	(-5.47)	(-2.67)
财政支出分权×省直管县改革	0.178***	0.071**	-0.077*	0.103***	0.091**	-0.053*
	(5.03)	(2.22)	(-1.81)	(4.67)	(2.23)	(-2.02)
基础设施承载力	-0.006	0.090***	0.025**	-0.046**	0.063***	-0.002
	(-0.33)	(3.44)	(2.96)	(-2.00)	(3.23)	(-0.35)

附表1.2(续)

解释变量	固定效应模型		倍差分模型			
	丘陵	山区	平原	丘陵	山区	平原
人力资本水平	-0.047	0.055	-0.138*	-0.039	-0.011	-0.153*
	(-0.76)	(1.27)	(-1.91)	(-0.63)	(-0.38)	(-2.13)
人口密度	-0.073	-0.014	-0.235	-0.134	-0.118	-0.300**
	(-0.69)	(-0.15)	(-1.37)	(-1.21)	(-0.96)	(-2.23)
就业非农化	-0.064	0.112***	0.042	-0.089*	0.081***	-0.062
	(-1.59)	(2.89)	(0.55)	(-1.92)	(3.03)	(-0.65)
固定资产投资率	-0.156***	-0.020	-0.043	-0.176***	-0.011	-0.061
	(-11.10)	(-1.23)	(-0.68)	(-14.15)	(-0.61)	(-1.13)
常数项	9.211***	7.776***	11.900***	9.784***	8.759***	12.270***
	(10.47)	(14.61)	(9.80)	(10.32)	(12.71)	(12.91)
N	530	205	126	530	205	126
时间效应	控制	控制	控制	控制	控制	控制
个体效应	控制	控制	控制	控制	控制	控制
R^2	0.877	0.962	0.961	0.889	0.973	0.977
F统计量	2968.7	63.03	128.9	1321.2	5634.1	3436.9
豪斯曼统计量	235.4677***	122.3567***	57.6465***	247.4193***	127.436***	62.349***

注：①考虑到部分解释变量与被解释变量在绝对数值上相差较大，并且为了使得变量更加平稳、减小模型可能存在的异方差情况，对模型中所有数值型解释变量均做了自然对数化处理；②需要注意的是，不论固定效应模型还是倍差分模型，两者均控制了个体和时间效应，两者的差别在于省直管县改革变量的生成方式，前者是改革前后哑变量 D1 的反映，后者是反映改革前后的哑变量 D1 与反映控制组实验组的哑变量 D2 的交叉乘积；③ * 代表 $p<0.10$，** 代表 $p<0.05$，*** 代表 <0.01，括号内为 T 统计量。

附表 1.3 省直管县改革对不同财政自给率县域经济发展的影响分析

解释变量	固定效应模型		倍差分模型	
	FD≥中位数	FD<中位数	FD≥中位数	FD<中位数
省直管县改革	0.443**	1.462***	0.327*	1.242***
	(2.38)	(5.44)	(1.74)	(4.43)
财政收入分权	-0.001	-0.033***	-0.003	-0.023**
	(-0.09)	(-3.62)	(-0.22)	(-2.07)
财政收入分权×省直管县改革	0.002	0.003	0.003	-0.006
	(0.14)	(0.22)	(0.16)	(-0.33)

附表1.3(续)

解释变量	固定效应模型		倍差分模型	
	FD≥中位数	FD<中位数	FD≥中位数	FD<中位数
财政支出分权	−0.045	−0.087**	−0.039	−0.097***
	(−0.90)	(−2.37)	(−0.78)	(−3.67)
财政支出分权×省直管县改革	0.054	0.261***	0.038	0.232***
	(1.55)	(5.42)	(1.09)	(4.69)
基础设施承载力	−0.0002	0.058***	−0.032	0.018
	(−0.01)	(2.69)	(−0.93)	(1.09)
人力资本水平	0.081	0.064	0.054	0.037
	(1.30)	(0.82)	(1.01)	(0.50)
人口密度	−0.319***	0.002	−0.339**	−0.034
	(−2.74)	(0.01)	(−2.62)	(−0.24)
就业非农化	−0.013	−0.021	−0.035	−0.071**
	(−0.24)	(−0.47)	(−0.81)	(−2.15)
固定资产投资率	−0.059*	−0.124***	−0.065*	−0.117***
	(−1.88)	(−5.19)	(−1.82)	(−4.68)
常数项	10.26***	7.701***	10.660***	8.190***
	(20.04)	(5.23)	(17.08)	(6.25)
N	430	431	430	431
时间效应	控制	控制	控制	控制
个体效应	控制	控制	控制	控制
R^2	0.899	0.859	0.907	0.879
F统计量	523.100	3494.500	2149.700	799.000
豪斯曼统计量	204.085***	197.614***	209.478***	203.654***

注：①考虑到部分解释变量与被解释变量在绝对数值上相差较大，并且为了使得变量更加平稳、减小模型可能存在的异方差情况，对模型中所有数值型解释变量均做了自然对数化处理；②需要注意的是，不论固定效应模型还是倍差分模型，两者均控制了个体和时间效应，两者的差别在于省直管县改革变量的生成方式，前者是改革前后哑变量 D1 的反映，后者是反映改革前后的哑变量 D1 与反映控制组实验组的哑变量 D2 的交叉乘积；③ * 代表 p<0.10，** 代表 p<0.05，*** 代表 <0.01，括号内为 T 统计量。

附表1.4　四川省省直管县改革对县域产业结构的影响分析

解释变量	固定效应	随机效应	倍差分	2SLS
省直管县改革	0.121***	0.083**	0.132***	0.212***
	(2.78)	(2.00)	(3.08)	(4.68)
财政收入分权	0.009***	0.012***	0.008***	0.009***
	(3.14)	(4.65)	(3.03)	(3.84)
财政收入分权×省直管县改革	-0.009**	-0.012***	-0.009**	-0.008**
	(-2.56)	(-3.04)	(-2.47)	(-2.33)
财政支出分权	-0.015**	-0.021***	-0.015**	-0.024***
	(-2.39)	(-3.50)	(-2.37)	(-4.00)
财政支出分权×省直管县改革	0.022***	0.017**	0.023***	0.036***
	(2.73)	(2.22)	(2.95)	(4.51)
基础设施承载力	0.008*	0.003	0.010**	0.009**
	(1.81)	(0.82)	(2.16)	(2.50)
人力资本水平	0.003	0.013	0.003	0.027
	(0.32)	(1.40)	(0.29)	(1.49)
人口密度	-0.029	0.012*	-0.026	-0.010
	(-1.47)	(1.65)	(-1.34)	(-0.55)
就业非农化	0.018*	0.047***	0.020*	0.014
	(1.66)	(4.99)	(1.75)	(1.57)
固定资产投资率	-0.001	0.005	-0.001	-0.006
	(-0.15)	(1.05)	(-0.13)	(-1.20)
常数项	0.667***	0.496***	0.652***	0.422**
	(4.54)	(5.19)	(4.41)	(2.20)
N	861	861	861	713
时间效应	控制	控制	控制	控制
个体效应	控制	—	控制	控制
R^2	0.942	0.229	0.943	0.945
F统计量	114.170	—	114.280	—

附表1.4(续)

解释变量	固定效应	随机效应	倍差分	2SLS
豪斯曼统计量	—	1436.000	—	14826.000

注：①考虑到部分解释变量与被解释变量在绝对数值上相差较大，并且为了使得变量更加平稳、减小模型可能存在的异方差情况，对模型中所有数值型解释变量均做了自然对数化处理；②固定效应模型的豪斯曼检验统计量为 98.96（$p<0.01$），随机效应模型的 BP-LM 检验统计量为 1286.66（$p<0.01$），2SLS 回归模型中工具变量的有效性检验 Sargan 统计量对应的 P 值为 0.1795；③考虑到 HR 可能存在的内生性问题，在 2SLS 回归中本研究采用 HR 自身的滞后 1~2 期作为对应的工具变量以控制内生性问题，但是需要注意的是变量 HR 的内生性检验 Wu-Hausman 检验统计量为 0.0013（$p>0.10$），接受了变量为外生变量的原假设；④ * 代表 $p<0.10$，** 代表 $p<0.05$，*** 代表 <0.01，括号内为 T 统计量。

附表 1.5　省直管县改革对不同地形县域产业结构的影响分析

解释变量	固定效应模型			倍差分模型		
	丘陵	山区	平原	丘陵	山区	平原
省直管县改革	0.041 *	0.218 **	0.003	0.053 **	0.214 **	-0.0004
	(1.74)	(2.17)	(0.09)	(2.36)	(2.18)	(-0.01)
财政收入分权	0.0001	0.0139 ***	0.003 *	-0.00006	0.014 ***	0.003
	(0.03)	(7.41)	(1.90)	(-0.02)	(7.21)	(1.71)
财政收入分权×省直管县改革	-0.001	-0.008 ***	-0.008 ***	-0.001	-0.008 ***	-0.008 ***
	(-0.42)	(-3.11)	(-3.95)	(-0.37)	(-3.19)	(-4.59)
财政支出分权	-0.007 ***	-0.025 **	-0.002	-0.007 ***	-0.025 **	-0.000306
	(-3.11)	(-2.30)	(-0.59)	(-3.34)	(-2.32)	(-0.08)
财政支出分权×省直管县改革	0.006	0.037 *	0.0004	0.008 *	0.036 *	-0.0006
	(1.43)	(1.97)	(0.07)	(1.92)	(1.97)	(-0.09)
基础设施承载力	-0.002 ***	0.025 ***	-0.001	-0.001	0.026 ***	0.001
	(-2.81)	(11.21)	(-1.18)	(-1.15)	(11.52)	(0.78)
人力资本水平	-0.015	-0.047 ***	-0.012	-0.015	-0.045 ***	-0.011
	(-1.48)	(-4.53)	(-1.08)	(-1.49)	(-4.94)	(-1.04)
人口密度	-0.050 ***	0.002	-0.051 ***	-0.048 ***	0.007	-0.048 ***
	(-3.04)	(0.14)	(-6.79)	(-3.08)	(0.52)	(-6.10)
就业非农化	0.008	0.038 ***	0.082 ***	0.009	0.039 ***	0.086 ***
	(1.45)	(6.79)	(20.17)	(1.51)	(7.82)	(16.08)
固定资产投资率	0.006	-0.007	-0.008 ***	0.007	-0.008	-0.007 ***
	(1.44)	(-1.55)	(-4.75)	(1.50)	(-1.57)	(-4.15)
常数项	1.099 ***	0.747 ***	1.292 ***	1.085 ***	0.704 ***	1.277 ***
	(6.80)	(4.13)	(22.65)	(6.91)	(4.57)	(19.55)

附表1.5(续)

解释变量	固定效应模型			倍差分模型		
	丘陵	山区	平原	丘陵	山区	平原
N	530	205	126	530	205	126
时间效应	控制	控制	控制	控制	控制	控制
个体效应	控制	控制	控制	控制	控制	控制
R^2	0.693	0.854	0.877	0.694	0.856	0.885
F 统计量	1626.600	186.001	711.600	873.200	83.740	1953.500
豪斯曼统计量	165.538***	72.812***	47.585***	163.420***	71.000***	49.674***

注：①考虑到部分解释变量与被解释变量在绝对数值上相差较大，并且为了使得变量更加平稳、减小模型可能存在的异方差情况，对模型中所有数值型解释变量均做了自然对数化处理；②需要注意的是，不论固定效应模型还是倍差分模型，两者均控制了个体和时间效应，两者的差别在于省直管县改革变量的生成方式，前者是改革前后哑变量 D1 的反映，后者是反映改革前后的哑变量 D1 与反映控制组实验组的哑变量 D2 的交叉乘积；③ * 代表 p<0.10，** 代表 p<0.05，*** 代表<0.01，括号内为 T 统计量。

附表 1.6　省直管县改革对不同财政自给率县域的产业结构的影响分析

解释变量	固定效应模型		倍差分模型	
	FD≥中位数	FD<中位数	FD≥中位数	FD<中位数
省直管县改革	0.075*	0.217***	0.075*	0.231***
	(1.97)	(3.24)	(1.92)	(3.32)
财政收入分权	0.003	0.008**	0.003	0.007**
	(1.10)	(2.55)	(1.10)	(2.48)
财政收入分权×省直管县改革	−0.007***	−0.003	−0.006***	−0.003
	(−2.64)	(−1.15)	(−2.65)	(−1.06)
财政支出分权	−0.004	−0.031***	−0.004	−0.030***
	(−0.90)	(−3.31)	(−0.90)	(−3.11)
财政支出分权×省直管县改革	0.011	0.038***	0.011	0.040***
	(1.54)	(3.06)	(1.52)	(3.10)
基础设施承载力	−0.004	0.014***	−0.004	0.016***
	(−0.56)	(3.77)	(−0.50)	(3.75)
人力资本水平	−0.001	−0.011	−0.001	−0.010
	(−0.05)	(−0.59)	(−0.04)	(−0.49)

附表1.6(续)

解释变量	固定效应模型		倍差分模型	
	FD≥中位数	FD<中位数	FD≥中位数	FD<中位数
人口密度	-0.046**	-0.037**	-0.046**	-0.035**
	(-2.50)	(-2.53)	(-2.50)	(-2.24)
就业非农化	-0.007	0.044*	-0.007	0.048**
	(-0.78)	(1.98)	(-0.78)	(2.04)
固定资产投资率	-0.007	0.014	-0.007	0.013
	(-0.99)	(1.53)	(-0.99)	(1.47)
常数项	0.987***	0.828***	0.985***	0.795***
	(6.20)	(5.82)	(6.08)	(5.40)
N	430	431	430	431
时间效应	控制	控制	控制	控制
个体效应	控制	控制	控制	控制
R^2	0.772	0.658	0.772	0.665
F 统计量	2.033	170.700	2.119	82.360
豪斯曼统计量	154.613***	122.609***	151.071***	126.670***

注：①考虑到部分解释变量与被解释变量在绝对数值上相差较大，并且为了使得变量更加平稳、减小模型可能存在的异方差情况，对模型中所有数值型解释变量均做了自然对数化处理；②需要注意的是，不论固定效应模型还是倍差分模型，两者均控制了个体和时间效应，两者的差别在于省直管县改革变量的生成方式，前者是改革前后哑变量 D1 的反映，后者是反映改革前后的哑变量 D1 与反映控制组实验组的哑变量 D2 的交叉乘积；③ * 代表 p<0.10，** 代表 p<0.05，*** 代表<0.01，括号内为 T 统计量。

附录 2　第六章 PSM-DID 检验结果

附表 2.1　四川省直管县改革对民生性支出影响的整体效果检验

解释变量	固定效应	随机效应	倍差分	2SLS
省直管县改革	0. 026***	0. 033***	0. 011*	0. 021*
	(2. 89)	(3. 00)	(1. 83)	(1. 75)
转移支付×省直管县改革	0. 029***	0. 028***	0. 015**	0. 031***
	(3. 63)	(2. 80)	(2. 14)	(3. 44)
转移支付	0. 131***	0. 117***	0. 141***	0. 087***
	(7. 71)	(5. 85)	(11. 75)	(4. 83)
财政支出分权	−0. 185***	−0. 198***	−0. 189***	−0. 135***
	(−10. 88)	(−10. 42)	(−12. 60)	(−4. 82)
财政支出分权×省直管县改革	−0. 069***	−0. 075***	−0. 059***	−0. 067***
	(−3. 63)	(−3. 41)	(−3. 11)	(−4. 19)
财政自给率	0. 037***	0. 014	0. 039***	0. 083***
	(4. 11)	(1. 40)	(4. 33)	(2. 86)
人口密度	0. 143***	0. 048***	0. 146***	0. 109***
	(4. 77)	(5. 33)	(5. 21)	(4. 19)
产业非农化	−0. 047***	−0. 040***	−0. 046***	−0. 071***
	(−3. 92)	(−3. 33)	(−3. 83)	(−3. 55)
人均 GDP	0. 061***	0. 026**	0. 061***	0. 073***
	(5. 08)	(2. 00)	(5. 08)	(3. 04)
常数项	−0. 729***	−0. 049	−0. 735***	−0. 656***
	(−4. 03)	(−0. 36)	(−4. 32)	(−2. 59)
N	839	839	839	558
时间效应	控制	控制	控制	控制
个体效应	控制	−	控制	控制

附表2.1(续)

解释变量	固定效应	随机效应	倍差分	2SLS
R^2	0.861	0.479	0.861	0.871
F统计量	2501.23	-	2251.53	-
豪斯曼统计量	-	2501.233	-	4929.143

注：①考虑到部分解释变量与被解释变量在绝对数值上相差较大，并且为了使得变量更加平稳、减小模型可能存在的异方差情况，对模型中所有数值型解释变量均做了自然对数化处理；②固定效应模型的豪斯曼检验统计量为191.773（p<0.01），随机效应模型的BP-LM检验统计量为827.96（p<0.01），2SLS回归模型中工具变量的有效性检验Sargan统计量对应的P值为0.122；③考虑到PGDP以及FD可能存在的内生性问题，在2SLS回归中本研究采用两者各自的滞后1~2期作为对应的工具变量以控制内生性问题；④*代表p<0.10，**代表p<0.05，***代表<0.01，括号内为T统计量。

附表2.2　省直管县改革对不同地形县域民生性支出的影响分析

解释变量	固定效应模型			倍差分模型		
	丘陵	山区	平原	丘陵	山区	平原
省直管县改革	0.025***	0.047*	0.018	-0.001	0.015**	0.017
	(5.00)	(1.88)	(1.64)	(-0.25)	(2.50)	(1.13)
转移支付×省直管县改革	0.035***	0.029***	0.078***	0.021**	0.008	0.060***
	(5.83)	(2.90)	(4.33)	(2.63)	(1.00)	(4.00)
转移支付	0.110***	0.118**	0.041	0.121***	0.122**	0.078**
	(4.40)	(2.11)	(1.58)	(4.65)	(2.22)	(2.29)
财政支出分权	-0.176***	-0.200***	-0.109***	-0.182***	-0.199***	-0.116***
	(-6.52)	(-10.53)	(-3.52)	(-7.00)	(-11.01)	(-4.30)
财政支出分权×省直管县改革	-0.086***	-0.078***	-0.058**	-0.072***	-0.074***	-0.042*
	(-6.14)	(-7.09)	(-2.42)	(-6.00)	(-6.17)	(-2.10)
财政自给率	0.025**	0.023**	0.048***	0.027**	0.026***	0.046***
	(2.27)	(2.09)	(5.33)	(2.46)	(3.25)	(5.11)
人口密度	0.124***	0.072	0.304**	0.126***	0.046	0.357***
	(3.76)	(1.01)	(2.43)	(3.82)	(0.79)	(3.13)
产业非农化	-0.047***	-0.034**	0.003	-0.048***	-0.029***	-0.023
	(-4.27)	(-2.62)	(0.11)	(-4.36)	(-3.22)	(-1.35)
人均GDP	0.043***	0.095**	0.073	0.044***	0.097**	0.193***
	(8.60)	(2.64)	(1.66)	(8.80)	(2.77)	(6.89)
常数项	-0.689***	-0.766*	-2.314***	-0.695***	-0.646**	-3.728***
	(-3.65)	(-2.04)	(-3.37)	(-3.78)	(-2.76)	(-3.83)
N	516	212	111	516	212	111

附表2.2(续)

解释变量	固定效应模型			倍差分模型		
	丘陵	山区	平原	丘陵	山区	平原
时间效应	控制	控制	控制	控制	控制	控制
个体效应	控制	控制	控制	控制	控制	控制
R^2	0. 817	0. 786	0. 755	0. 815	0. 784	0. 764
F 统计量	1142. 149	3013. 898	490. 579	653. 084	2066. 32	100. 518
豪斯曼统计量	59. 24 ***	28. 454 ***	28. 79 ***	25. 66 ***	53. 34 ***	29. 06 ***

注：①考虑到部分解释变量与被解释变量在绝对数值上相差较大，并且为了使得变量更加平稳、减小模型可能存在的异方差情况，对模型中所有数值型解释变量均做了自然对数化处理；②需要注意的是，不论固定效应模型还是倍差分模型，两者均控制了个体和时间效应，两者的差别在于省直管县改革变量的生成方式，前者是改革前后哑变量 D1 的反映，后者是反映改革前后的哑变量 D1 与反映控制组实验组的哑变量 D2 的交叉乘积；③ * 代表 p<0. 10，** 代表 p<0. 05，*** 代表<0. 01，括号内为 T 统计量。

附表 2. 3　省直管县改革对不同经济水平县域民生性支出的影响分析

解释变量	固定效应模型		倍差分模型	
	PGDP≥中位数	PGDP<中位数	PGDP≥中位数	PGDP<中位数
省直管县改革	0. 037 ***	0. 013	0. 027 *	0. 001
	(4. 11)	(1. 44)	(1. 69)	(0. 20)
转移支付×省直管县改革	0. 036 ***	0. 032 *	0. 021 ***	0. 017
	(5. 14)	(1. 68)	(7. 00)	(1. 21)
转移支付	0. 043	0. 125 ***	0. 037	0. 177 ***
	(1. 43)	(4. 81)	(0. 97)	(8. 85)
财政支出分权	−0. 132 ***	−0. 190 ***	−0. 118 ***	−0. 205 ***
	(−9. 43)	(−10. 00)	(−6. 56)	(−4. 88)
财政支出分权×省直管县改革	−0. 058 ***	−0. 093 ***	−0. 060 ***	−0. 072 **
	(−4. 46)	(−9. 30)	(−3. 53)	(−2. 12)
财政自给率	0. 062 ***	0. 023 **	0. 072 ***	0. 031 **
	(10. 33)	(2. 09)	(12. 00)	(2. 39)
人口密度	0. 062 *	0. 267 ***	0. 013	0. 294 ***
	(1. 77)	(7. 63)	(0. 31)	(4. 90)

附表2.3(续)

解释变量	固定效应模型		倍差分模型	
	PGDP≥中位数	PGDP<中位数	PGDP≥中位数	PGDP<中位数
产业非农化	-0.017*	-0.010*	-0.01	-0.015
	(-1.89)	(-1.67)	(-0.91)	(-1.15)
人均 GDP	0.006	0.036***	-0.028	0.087***
	(0.19)	(2.77)	(-1.17)	(4.35)
常数项	0.038	-1.469***	0.657*	-2.002***
	(0.32)	(-6.71)	(1.89)	(-4.51)
N	420	419	420	419
时间效应	控制	控制	控制	控制
个体效应	控制	控制	控制	控制
R^2	0.667	0.804	0.671	0.798
F 统计量	834.98	1128.956	138.448	442.902
豪斯曼统计量	86.764***	105.383***	112.443***	70.663***

注：①考虑到部分解释变量与被解释变量在绝对数值上相差较大，并且为了使得变量更加平稳、减小模型可能存在的异方差情况，对模型中所有数值型解释变量均做了自然对数化处理；②需要注意的是，不论固定效应模型还是倍差分模型，两者均控制了个体和时间效应，两者的差别在于省直管县改革变量的生成方式，前者是改革前后哑变量 D1 的反映，后者是反映改革前后的哑变量 D1 与反映控制组实验组的哑变量 D2 的交叉乘积；③ * 代表 $p<0.10$，** 代表 $p<0.05$，*** 代表 <0.01，括号内为 T 统计量。

附表 2.4 省直管县改革对不同财政自给率县域民生性支出的影响分析

解释变量	固定效应模型		倍差分模型	
	FD≥中位数	FD<中位数	FD≥中位数	FD<中位数
省直管县改革	0.027***	0.018*	0.021**	-0.007*
	(3.86)	(1.80)	(2.63)	(-1.75)
转移支付×省直管县改革	0.028***	0.035***	0.013***	0.029***
	(2.80)	(5.00)	(2.60)	(5.80)
转移支付	0.137***	0.07	0.107***	0.079
	(11.42)	(1.49)	(4.46)	(1.55)

附表2.4(续)

解释变量	固定效应模型		倍差分模型	
	FD≥中位数	FD<中位数	FD≥中位数	FD<中位数
财政支出分权	-0.201***	-0.192***	-0.196***	-0.196***
	(-20.10)	(-11.30)	(-8.17)	(-12.25)
财政支出分权×省直管县改革	-0.01	-0.127***	0.016	-0.119***
	(-1.00)	(-7.06)	(1.07)	(-7.00)
财政自给率	0.051**	0.006	0.045*	0.008
	(2.68)	(1.00)	(1.96)	(1.00)
人口密度	0.135**	0.123***	0.093*	0.128***
	(2.55)	(4.73)	(1.69)	(5.12)
产业非农化	-0.044***	-0.031***	-0.030***	-0.028***
	(-5.50)	(-5.17)	(-2.73)	(-4.67)
人均 GDP	0.066***	0.032***	0.024	0.031***
	(2.75)	(8.00)	(0.65)	(5.17)
常数项	-0.899*	-0.634***	-0.31	-0.653***
	(-1.74)	(-5.07)	(-0.50)	(-5.06)
N	420	419	420	419
时间效应	控制	控制	控制	控制
个体效应	控制	控制	控制	控制
R^2	0.697	0.823	0.706	0.823
F 统计量	3324.21	222.19	1885.192	825.058
豪斯曼统计量	206.955***	48.942***	248.759***	60.368***

注：①考虑到部分解释变量与被解释变量在绝对数值上相差较大，并且为了使得变量更加平稳、减小模型可能存在的异方差情况，对模型中所有数值型解释变量均做了自然对数化处理；②需要注意的是，不论固定效应模型还是倍差分模型，两者均控制了个体和时间效应，两者的差别在于省直管县改革变量的生成方式，前者是改革前后哑变量 D1 的反映，后者是反映改革前后的哑变量 D1 与反映控制组实验组的哑变量 D2 的交叉乘积；③ * 代表 $p<0.10$，** 代表 $p<0.05$，*** 代表 <0.01，括号内为 T 统计量。